高等职业教育本科教材

金工实习

JINGONG SHIXI

解景浦　胡孟谦　主编
万晓航　主审

化学工业出版社
·北京·

内 容 简 介

本教材由校企合作开发，主要内容包括机械识图及公差基本知识、金属材料基本知识、切削加工基本知识、常用量具使用方法等基本理论知识和车削、钳工、数控车加工、焊接、铸造等常用典型技能。为确保金工实习教学顺利开展，教材中结合了编者多年金工实习管理的成功经验，对实习纪律、安全生产、文明实习、现场管理等做了全面详细的讲解。为方便教学，本书配套视频讲解。

本教材适合职业本科学生、企业职工、再就业劳动者学习使用，也可作为机械加工制造技术的指导用书。

图书在版编目（CIP）数据

金工实习 / 解景浦，胡孟谦主编 . -- 北京 ： 化学工业出版社，2025. 6. --（高等职业教育本科教材）.
ISBN 978-7-122-47884-9

Ⅰ．TG-45

中国国家版本馆 CIP 数据核字第 2025Y0U233 号

责任编辑：韩庆利　　　　　　　　文字编辑：吴开亮
责任校对：李雨晴　　　　　　　　装帧设计：刘丽华

出版发行：化学工业出版社
　　　　　（北京市东城区青年湖南街 13 号　邮政编码 100011）
印　　刷：天津千鹤文化传播有限公司
787mm×1092mm　1/16　印张 12$\frac{1}{4}$　字数 302 千字
2025 年 8 月北京第 1 版第 1 次印刷

购书咨询：010-64518888　　　　　售后服务：010-64518899
网　　址：http://www.cip.com.cn

　　金工实习是高等院校工科类专业学生重要的实践环节之一，是一门传授机械制造基础知识和技能的实践基础课。金工实习课程面对不同的专业开设，学生理论基础相差很大。本教材结合职业本科院校学生金工实习的实际情况和作者在多年的金工实习教学中发现的不同专业学生在知识技能领域的不足，合理安排教材内容，通过体系化设置，使学生全面掌握金工实习所应具备的基础理论知识和典型操作技能，加深学生对已学基础课程的理解与应用，为学生学习专业课程奠定坚实的基础。

　　本教材包含了机械识图及公差、金属材料、切削加工等基本理论知识，常用量具使用方法，以及车削、钳工、焊接、铸造、数控加工等常用典型技能，让学生全面了解生产实践，并在实习中掌握运用知识方法和提升解决实践问题的能力。为确保金工实习教学的顺利开展，结合作者多年金工实习管理的成功经验，教材中对实习纪律、安全生产、文明实习、现场管理等做了全面详细讲解。

　　本教材通俗易懂，注重科学性和严谨性，力求做到简明扼要，突出重点，注重基础培养，讲求实用。实习项目设置了典型任务，可操作性强，便于开展教学，实习任务结合技能等级鉴定要求设置，为学生考取技能等级证书提供了帮助。本教材具有丰富的基础理论知识和典型的实习项目，适合职业本科学生、企业职工、再就业劳动者学习使用，也可作为机械加工制造技术的指导用书。

　　本教材由校企合作开发，编写团队由河北工业职业技术大学教师解景浦、胡孟谦、党雪江、安建良、李秀娜、梁向东、王智能，以及企业技术人员石家庄达辛科技有限公司张百勇、河北太行机械工业有限公司周风林、石家庄泰明顿摩擦材料有限公司汪才哲组成。本教材由河北工业职业技术大学解景浦、胡孟谦任主编，党雪江、安建良、李秀娜、梁向东、张百勇任副主编，王智能、汪才哲、周风林参与编写。全书由万晓航主审。

　　本教材在编写过程中参考了多部已出版的优秀教材，吸收了多所院校金工实习教学的成功经验，得到了同行的大力支持和帮助，在此一并表示感谢！

　　限于编者的水平，书中难免有不足之处，敬请批评指正。

编　者

目录

绪论

 思维导图

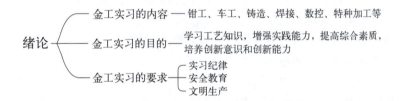

0.1 金工实习的内容

金属工艺学实习（简称金工实习，又称机械制造实习）是一门传授机械制造基础知识的实践性很强的技术基础课，它是工科院校工程训练不可缺少的重要环节。金工实习一般包括钳工、车工、铸造、焊接、数控、特种加工等内容。实习在工厂或金工实训室（工程训练中心）内按工种进行。教学环节有实际操作、现场演示、专题讲课、综合练习等。

0.2 金工实习的目的

金工实习的目的是学习工艺知识，增强实践能力，提高综合素质，培养创新意识和创新能力。工科院校的学生，除应具备较强的基础理论知识和专业技术知识外，还必须具备一定的机械制造的基本工艺知识。与一般的理论课程不同，金工实习主要是学生通过实践来获取机械制造的基本工艺知识。通过金工实习亲自动手操作各种机器设备，使用各种工具、夹具、量具、刀具等，可以提高学生的实践能力，包括动手能力、从实践中获取知识的能力，以及运用所学知识和技能独立分析和亲手解决工艺技术问题的能力。工科类专业的学生，应具有较高的综合素质，即应具有坚定正确的政治方向、艰苦奋斗的创业精神、团结勤奋的工作态度、严谨求实的科学作风、良好的心理素质及较高的工程素养等。金工实习是在生产实践环境中进行的，对大多数学生来说是第一次体验工厂环境，同时接受社会化生产的熏陶和组织性、纪律性的教育。学生将亲身感受到劳动的艰辛，体会到劳动成果来之不易，增强对劳动人民的感情，加强对工程素养的认识。同时，通过金工实习，可以培养学生的创新意识和创新能力，学生接触到机械电气设备，了解其结构、原理和使用方法，增长了见识，提高了思维能力，为创新提供了有力帮助。

0.3 金工实习的要求

金工实习是实践性很强的一门课程，不同于一般的理论课程，它没有系统的理论、定理和公式，而是具体生产的工艺过程。因此，学生的学习方法也应做相应的调整和改变，要善于向实践学习，注重在生产过程中学习生产工艺知识和基本操作技能，要严格遵守实习纪律和安全操作规程，重视人身和设备的安全。

0.3.1 实习纪律

① 听从指挥，遵守车间各项规章制度，不做与实习无关的事情。
② 按要求穿戴劳动防护用品。
③ 严格考勤，做到不迟到、不早退、不旷课，有事要请假。
④ 虚心听从指导人员的指导。
⑤ 刻苦训练，独立按时完成实习任务。
⑥ 按指定地点工作，实习中途不得擅离岗位。
⑦ 不得随便走动、大声喧哗和打闹嬉戏。
⑧ 不带与实习无关的物品进入实习区。

0.3.2 安全教育

金工实习安全教育的基本要求是安全第一、预防为主、综合治理、责任到人。在金工实习中要做到安全第一，人身安全是重要的考虑因素，加强对学生的安全教育，使学生提高安全意识，在金工实习中能够自觉遵守实习的安全规章制度，确保安全实习。要求学生学习安全常识和安全法规，提高安全意识，掌握安全技术，按实习要求完成实习任务。具体要求如下。

① 机器设备未经许可，不准擅自开动，否则所引起的事故由本人自负。
② 操作机器须绝对遵守安全操作规程。
③ 个别工种因设备数量有限要轮换操作，严禁两个人同时操作一台设备。
④ 实习时按规定穿戴好劳动防护用品，自觉遵守实习的安全规章制度。

0.3.3 文明生产

为了使金工实习达到更好的效果，培养学生的工作能力和公共意识，金工实习在保障安全的基础上，要使学生做到文明生产，具体要求如下。

① 进入实习场地后要讲文明、讲礼貌，文明用语，文明操作，要独立完成作业，不要大声喧哗，不要乱扔杂物。

笔记

② 要遵守各项规章制度。爱护公共财物，未经老师许可，严禁开动设备。操作时要集中精力，休息时不要远离实习区，不要影响其他工种实习。

③ 不做与实习无关的事，工作时严禁嬉笑打闹，不准吃零食，不准吸烟，不准玩手机、看小说和杂志等。

④ 刀具、量具及工具等的放置要稳妥，整齐合理，有固定的位置，便于操作时取用，用后应放回原处，主轴箱盖上不应放置任何物品。

⑤ 正确使用和爱护工具、量具，保持清洁，用后擦净、涂油放入盒内并及时归还。

⑥ 工具箱内应分类摆放物件，精度高的应放置稳妥，重物放下层，轻物放上层，不可随意乱放，以避免损坏和丢失。

⑦ 工作场所周围应保持清洁整齐，避免杂物堆放，防止绊倒。

【学习小结】

通过本部分学习，要了解金工实习的目的和课程特点，要遵守实习纪律，树立安全生产意识，遵守安全操作规程，掌握安全技能，做到安全文明生产。

【思考题】

通过本部分的学习，请思考讨论金工实习课程的学习环节与其他理论课程有什么不同？

笔记

机械识图及公差基本知识

思维导图

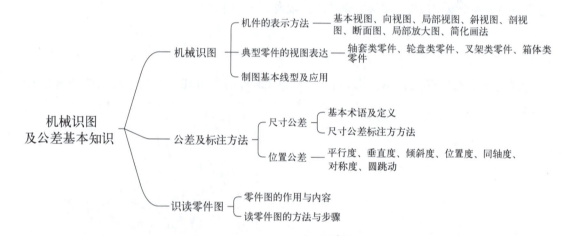

1.1 机械识图

图样是指能够准确地表达物体的形状、尺寸及其技术要求的图。不同的生产部门对图样有不同的要求，机械制造业中使用的图样称为机械图样。根据在机械制造过程中所起作用的不同，机械图样分为两种：用于加工零件的图样称为零件图，它是制造和检验零件的技术依据；用于装配零件的图样称为装配图，它是表达机器或部件的工作原理、运动方式、零件间的连接及其装配关系的图样。

1.1.1 机件的表示方法

视图主要表达机件（机械零件）的外部结构和形状，一般只需画出机件的可见部分，必要时才用虚线表达其不可见部分。国家标准规定，视图分为基本视图、向视图、局部视图和斜视图四种，可按需选用。

（1）基本视图

为把机械零件的结构表达清楚，常常把零件放置在一个正六面体中，这六个面称为基本投影面。将机件分别向各基本投影面投射，所得到的六个视图称为基本视图。基本视图的名称分别是：主视图，是指从前向后投射所得的视图；俯视图，是指从上向下投射所得的视图；左视图，是指从左向右投射所得的视图；右视图，是指从右向左投射所得的视图；仰视图，是指从下向上投射所得的视图；后视图，是指从后向前投射所得的视图。

六个基本投影面的展开方法如图 1-1 所示。

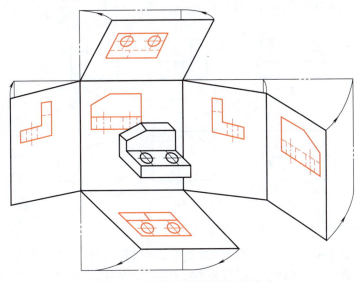

图 1-1　六个基本投影面的展开方法

六个基本视图的配置关系如图 1-2 所示。六个基本视图之间保持"长对正、高平齐、宽相等"的投影关系。除后视图外，各视图靠近主视图的一侧均表示机件的后面，各视图远离主视图的一侧均表示机件的前面。

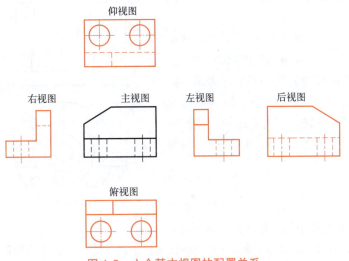

图 1-2　六个基本视图的配置关系

实际绘图时，不是任何机件都需要画出六个基本视图，而是根据机件的结构特点和复杂程度，选用必要的基本视图。六个基本视图中，一般优先选用主、俯、左三个视图，任何机件都必须有主视图。

（2）向视图

在实际绘图中，为了合理利用图纸幅面，国家标准规定了一种可以自由配置的图——向视图。为了便于读图，按向视图配置的视图必须进行标注，即在向视图的上方正中位置标注"×"（"×"为大写的拉丁字母），在相应的视图附近用箭头指明投射方向，并标注相同的字母，如图1-3所示。注意：表示投射方向的箭头尽可能配置在主视图上；表示后视图投射方向的箭头，最好配置在左视图或右视图上。

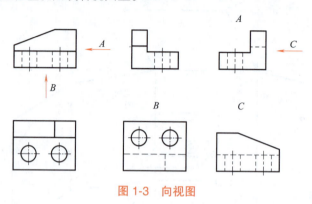

图1-3　向视图

（3）局部视图

局部视图如图1-4所示，主、俯视图中机件主要结构已表达清楚，但左、右侧凸台形状在主、俯视图上表达不够清晰，又没有必要画出完整的左视图和右视图，此时可用局部图形来表达。将机件的某一部分向基本投影面投射所得的视图，称为局部视图。

局部视图的配置形式有两种。

① 可按基本视图的形式配置　当局部视图按投影关系配置，中间又没有其他图形隔开时，可省略标注，如图1-4中"A"向局部视图的箭头和字母均可以省略（为了叙述方便，图中未省略）。

② 可按向视图的形式配置　按向视图配置，必须标注，如图1-4中的局部视图"B"所示。局部视图的断裂边界线用波浪线表示，如图1-4中的局部视图"A"所示。但当局部视图表示的结构是完整的，且外轮廓线自成封闭时，波浪线可以省略不画，如图1-4中的局部视图"B"所示。

（4）斜视图

当机件上某部分倾斜结构不平行于任何基本投影面时，在基本视图中就不能反映该部分的实

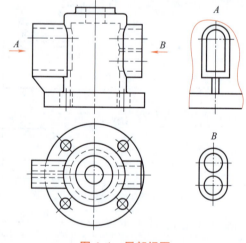

图1-4　局部视图

形。为了表达该结构的实形，可增设一个新的辅助投影面，使其与机件的倾斜部分平行，且垂直于某一个基本投影面。机件向不平行于基本投影面的平面投射所得的视图，称为斜视图。

如图1-5所示，衬板具有倾斜的部分，为了表达该部分的实形，可以设立一个平行于倾斜部分且垂直于 V 面的投影面，将倾斜结构投射到新的投影面上，如图1-6所示。由于斜视图只要求表达机件倾斜部分的实形，所以其余部分不必全部画出来，可以使用波浪线

断开。

　　斜视图必须用带字母的箭头指明表达部位的投射方向，并在斜视图上方用相同的字母标注"×"（"×"为大写拉丁字母）。斜视图一般配置在箭头所指方向上，且按投影关系配置，以便于看图和画图，如图1-6中的斜视图"A"。有时为了合理地使用图纸幅面，也可将斜视图按向视图配置在其他适当的位置，并且在不致引起误解时，将倾斜的图形旋转到水平位置配置，以便于作图，此时，应加注旋转符号，如图1-7所示。表示该视图名称的大写字母应靠近旋转符号的箭头端。若斜视图是按顺时针方向转正，则标注为"⌒A"。若斜视图是按逆时针方向转正，则应标注为"A⌒"。此外，也允许将旋转角度标注在字母之后，如"⌒A60°"或"A60°⌒"。

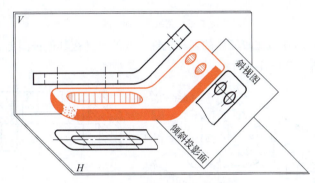

图1-5　斜视图的直观图

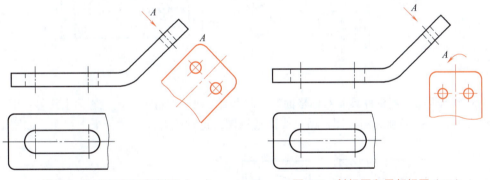

图1-6　斜视图和局部视图（一）　　　　**图1-7　斜视图和局部视图（二）**

（5）剖视图

　　当机件的内部结构复杂时，视图上就会出现许多虚线，影响图形的清晰性和层次性，既不利于看图，又不利于标注尺寸。为了清晰地表达机件的内部结构，国家标准规定采用"剖视图"来解决机件内部结构的表达问题。假想用剖切面剖开机件，将处在观察者与剖切面之间的部分移去，而将其余部分向投影面投射所得的图形，称为剖视图。剖视图的形成过程如图1-8所示，采用正平面作为剖切平面，在机件的对称平面处假想将它剖开，移去前面部分，使机件内部原来不可见部分成为可见部分，虚线可以画成粗实线。

　　① 根据剖切范围的大小分类　剖视图可分为全剖视图、半剖视图和局部剖视图三种。

　　a. 全剖视图　用剖切平面（一个或几个）完全地剖开机件所得的剖视图，称为全剖视图。

笔记 ✎

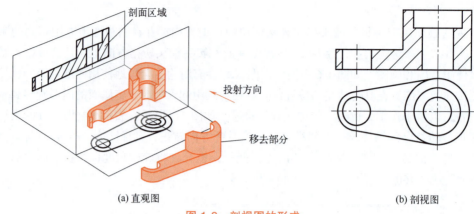

剖面区域

投射方向

移去部分

(a) 直观图

(b) 剖视图

图 1-8   剖视图的形成

全剖视图用于表达外形比较简单的对称机件，或外形已在其他视图上表达清楚，内部结构复杂的不对称机件，如图 1-9 所示。

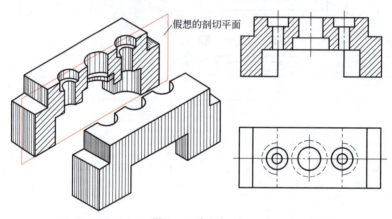

假想的剖切平面

图 1-9   全剖视图

b. 半剖视图   当机件具有对称平面时，向垂直于机件对称平面的投影面上投射图形，以对称线为界，一半画成剖视图，另一半画成视图，这种组合图形称为半剖视图，如图 1-10

图 1-10   半剖视图

所示。半剖视图常用于表达内外结构都需要表达的对称机件或基本对称的机件。

c.局部剖视图　用剖切平面局部地剖开机件，假想将一部分机件折断，然后向投影面投射，所得的剖视图称为局部剖视图。机件折断后所形成的裂纹的投影用波浪线表示，如图 1-11 所示。

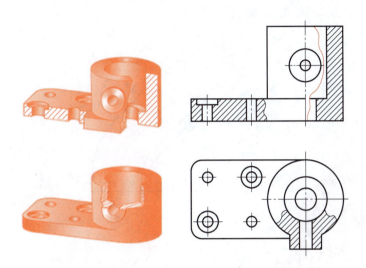

图 1-11　局部剖视图

② 根据剖切面分类　合理选择剖切面，以完整表达零件结构。剖切面的形式有以下几种类型。

a.单一剖切面　用一个平行于基本投影面的剖切平面剖切机件，是画剖视图最常用的一种方法。当采用单一剖切平面剖切机件画全剖视图时，视图之间投影关系明确，没有任何图形隔开时，可以省略标注，如图 1-12 中"A—A"所示。采用柱面剖切机件时，剖视图应按展开绘制，如图 1-12 中"B—B"剖视图所示，将采用柱面剖切的机件展开成平行于投影面后，再画其剖视图，并在图名后加注"展开"二字。

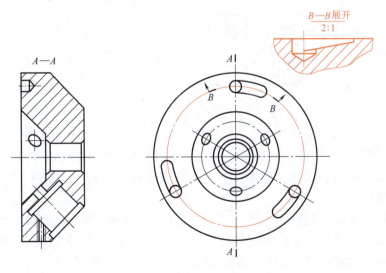

图 1-12　单一柱面剖切获得的剖视图

笔记 ✎

用一个不平行于任何基本投影面的剖切平面剖切机件获得的剖视图，称为斜剖视图，常用来表达机件上倾斜部分的内部结构。画这种剖视图时，通常按向视图的形式配置并标注，一般应按投影关系配置在与剖切符号相对应的位置上，在不致引起误解的情况下，允许将图形旋转。旋转后的图形要在其上方标注旋转符号（画法同斜视图）。这种剖视图必须标注剖切符号和表示投射方向的箭头，如图1-13所示。

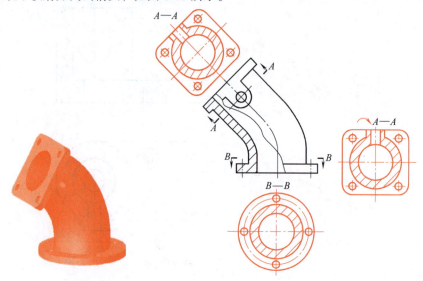

图1-13　单一斜剖切平面获得的剖视图

b. 几个平行的剖切平面　用几个平行的剖切平面剖开机件获得的剖视图，称阶梯剖，如图1-14所示，用于表达用单一剖切平面不能表达的机件。

笔记 ✎

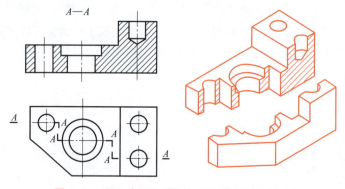

图1-14　用几个平行的剖切平面获得的剖视图

c. 几个相交的剖切平面　当用一个剖切平面不能通过机件的各内部结构，而机件在整体上又具有回转轴时，可用两个相交的剖切平面（交线垂直于某一投影面）剖开机件，然后将剖面的倾斜部分旋转到与基本投影面平行，再进行投射获得剖视图，如图1-15所示。

（6）断面图

假想用剖切平面将机件的某处切断，仅画出该剖切平面与机件接触部分的图形，这种图形称为断面图，如图1-16所示，通常在断面图上画出剖切位置符号。断面图常用来表达机件上某一局部结构的断面形状。如机件上的肋板、轮辐、键槽、小孔、杆件和型材的断面等，用断面图表达，图形更为清晰、简洁，同时也便于标注尺寸。

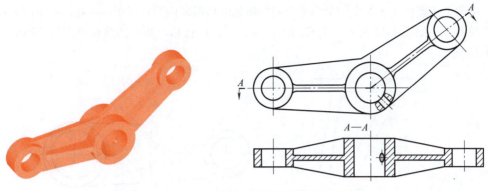

图 1-15　用两个相交的剖切平面获得的剖视图

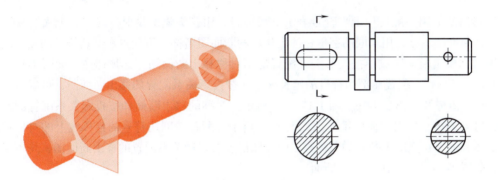

图 1-16　断面图的概念

断面图分为移出断面图和重合断面图两种。

① 移出断面图　画在视图轮廓之外的断面，称为移出断面图，如图 1-17 所示。移出断面图的轮廓用粗实线绘制，可在断面上画上剖切符号。移出断面图应尽量配置在剖切线或剖切符号的延长线上，如图 1-17（a）所示，必要时也可画在其他适当位置，如图 1-17（b）中的"A—A"所示。如图 1-17（a）所示，当剖切平面通过由回转面形成的凹坑、孔等轴线，或如图 1-17（b）所示通过非回转面的孔、槽，会出现完全分离的两个断面时，这些结构应按剖视图绘制。

笔记 ✎

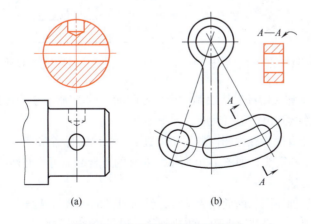

(a)　　　　　　　　　(b)

图 1-17　移出断面图的画法示例

由两个（或多个）相交的剖切平面剖切得到的移出断面图可以画在一起，但中间必须用波浪线隔开，如图 1-18 所示。当移出断面对称时，可将移出断面图画在视图的中断处，如图 1-19 所示。

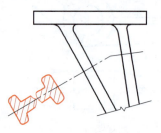

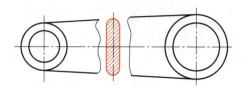

图 1-18　断开的移出断面图　　　　图 1-19　配置在视图中断处的移出断面图

移出断面图一般应用剖切符号表示剖切位置，用箭头表示投射方向并注上大写拉丁字母，在断面图上方，用相同的字母标注出相应的断面图名称。不配置在剖切符号的延长线上的不对称移出断面图或不按投影关系配置的不对称移出断面图，必须标注，如图 1-17（b）所示的 "A—A"。配置在剖切符号的延长线上或按投影关系配置的移出断面图，可省略字母和 / 或剖切符号，如图 1-16、图 1-17（a）所示。对称的移出断面和按投影关系配置的断面图，可省略表示投射方向的箭头，如图 1-16 所示。配置在剖切符号的延长线上的对称移出断面图和配置在视图中断处的对称移出断面图以及按投影关系配置的移出断面图，均不必标注，如图 1-18、图 1-19 所示的断面。

② 重合断面图　画在视图之内的断面图称为重合断面图，如图 1-20、图 1-21 所示。

轮廓线不间断

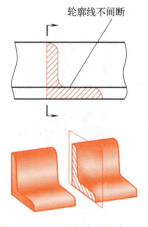

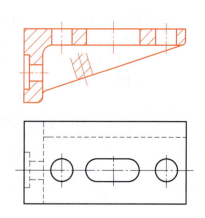

图 1-20　不对称的重合断面图　　　　图 1-21　对称的重合断面图

重合断面图的轮廓线用细实线绘制。当重合断面图的轮廓线与视图中的轮廓线重合时，视图的轮廓线仍应连续画出，不可间断，如图 1-20 所示。

因为重合断面图直接画在视图内的剖切位置上，标注时可省略字母。不对称的重合断面图仍要画出剖切符号和箭头，如图 1-20 所示。对称的重合断面可不必标注，如图 1-21 所示。

（7）其他表达方法

机件除用视图、剖视图、断面图表达外，针对机件的一些特殊结构，为了看图方便、画图简便，国家标准规定了局部放大图和简化画法，以供绘图时使用。

笔记

① 局部放大图　将机件上某些细小结构用大于原图形所采用的比例画出，这种图形称为局部放大图，如图 1-22 所示。

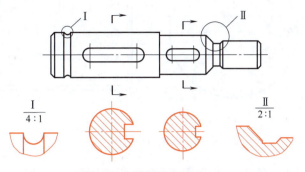

图 1-22　局部放大图（一）

局部放大图可根据需要画成局部视图、剖视图或断面图，它与原图形的表达方式无关，必要时可用几个图形来表达同一个被放大部分的结构，如图 1-23 所示。

局部放大图必须进行标注，一般用细实线圆圈出被放大的部位。当机件上只有一个部位需要放大时，在局部放大图的上方只需注明所采用的比例。同一机件上不同部位的局部放大图，当图形相同或对称时，只需画出一个。当同一机件上有几处被放大时，必须用罗马数字依次标明被放大的部位，并在局部放大图的上方标注出相应的罗马数字和所采用的比例，如图 1-22 所示。局部放大图的比例是指图中机件要素与实际机件相应要素的线性尺寸之比，与原图形所采用的比例无关。局部放大图应尽量配置在被放大部位的附近。

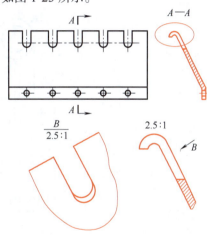

图 1-23　局部放大图（二）

② 简化画法

a. 当机件上具有若干相同结构（齿或槽等）时，只需要画出几个完整的结构，其余用细实线连接，但必须在图上注明该结构的总数，如图 1-24（a）、（b）所示。

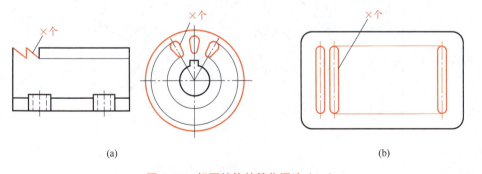

(a)　　　　　　　　　　　　　　　　　(b)

图 1-24　相同结构的简化画法（一）

b. 当机件上具有若干直径相同且成规律分布的孔，可以仅画出一个或几个，其余用细点画线或"＋"表示其中心位置，如图 1-25 所示。

笔记 ✎

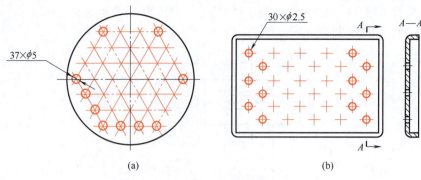

(a)　　　　　　　　　　　　　　　　(b)

图 1-25　相同结构的简化画法（二）

c. 对于机件上的肋、轮辐、薄壁等，当剖切平面沿纵向剖切时，这些结构上不画剖面线，而用粗实线将它与其邻接部分分开。当剖切平面按横向剖切时，这些结构仍需画上剖面线，如图 1-26 所示。

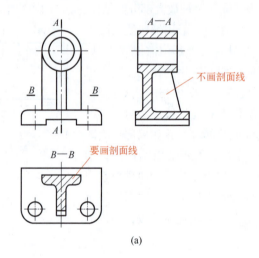

(a)

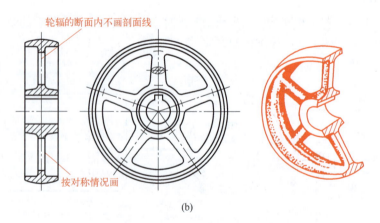

(b)

图 1-26　肋板、轮辐的剖切画法

d. 当回转体机件上均匀分布的肋、轮辐、孔等结构不处于剖切平面上时，可将这些结构假想旋转到剖切平面上画出，且不需加任何标注，如图 1-27 所示。

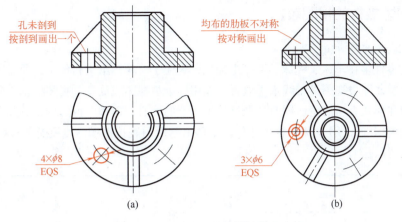

孔未剖到
按剖到画出一个

均布的肋板不对称
按对称画出

4×φ8
EQS

3×φ6
EQS

(a)   (b)

图 1-27　回转体上均匀结构的简化画法

e. 当需要表示剖切平面剖切前已剖去的部分结构时，可用双点画线按假想轮廓画出，如图 1-28 所示。

f. 较长的机件（轴、型材、连杆等）沿长度方向形状一致，或按一定规律变化时，可断开后绘制，如图 1-29 所示。

g. 圆柱形法兰盘及与其类似的机件上均匀分布的孔，可按图 1-30 方法绘制。

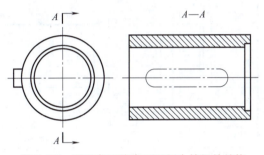

A—A

图 1-28　用双点画线表示已剖去的机件结构

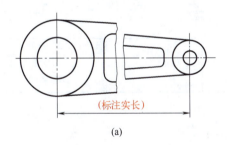

(标注实长)

(a)

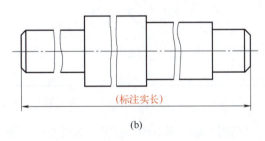

(标注实长)

(b)

图 1-29　较长机件的折断画法

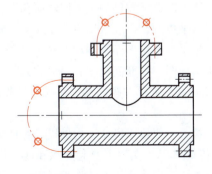

图 1-30　法兰盘上孔的画法

1.1.2 典型零件的视图表达

（1）轴套类零件

轴套类零件多在车床、镗床、磨床上加工，为便于对照图纸进行加工，通常主视图采用加工位置绘制，即主视图沿轴线水平放置。如用一个主视图或局部剖视图把轴上各段回转体的相对位置和形状表达清楚，同时又能反映出轴上的轴肩、键槽、退刀槽、倒角等结构。如图 1-31 所示输出轴，用主视图表达外形，用移出断面图表达键槽深度及有关尺寸，用 A 向局部视图表达螺孔。

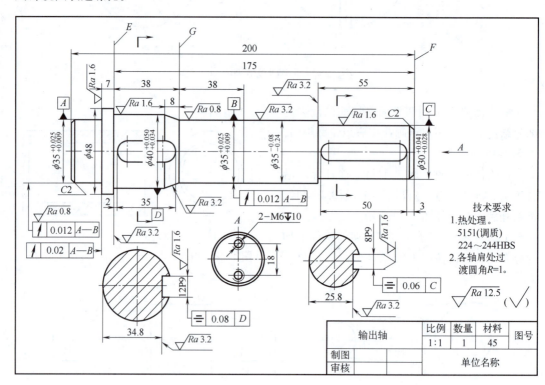

图 1-31 输出轴零件图

轴套因存在内部结构，可用全剖视图或半剖视图表示。

（2）轮盘类零件

轮盘类零件主要有端盖、齿轮、带轮、手轮、法兰盘等。轮类零件主要用于传递动力和转矩，盘类零件主要起支承、定位和密封等作用。轮盘类零件的主要回转面和端面多在车床上加工，选择主视图时，应按加工位置将轴线水平放置，一般采用主、左或主、俯两个基本视图，用单一剖切面或几个相交剖切平面、一组平行剖切平面等剖切方法作出全剖视图或半剖视图表示各部分结构之间的相对位置。可用剖面图、局部剖视图、局部放大图等表达其他个别细节，如图 1-32 所示的端盖，采用全剖主视图、局部左视图和局部放大图来表达。

（3）叉架类零件

叉架类零件主要有拨叉、连杆和支架等。拨叉主要位于机床、内燃机等各种机器的操纵机构中，用于操纵机器，调节速度；连杆起传动作用；支架主要起支承和连接作用。叉架类零件的形式较多，一般以自然位置或工作位置，按形状特征方向作为画主视图的方向，用1～2个基本视图，根据具体结构需要辅以斜视图或局部视图，用斜剖等方式作全剖视图或半剖视图来表达内部结构，对于连接支承部分的截面的形状，可用断面图表示，如图1-33所示。

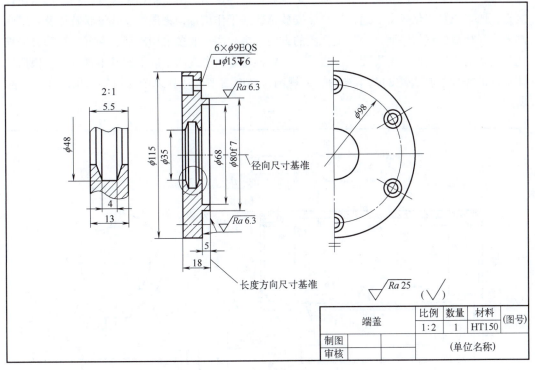

图 1-32　端盖零件图

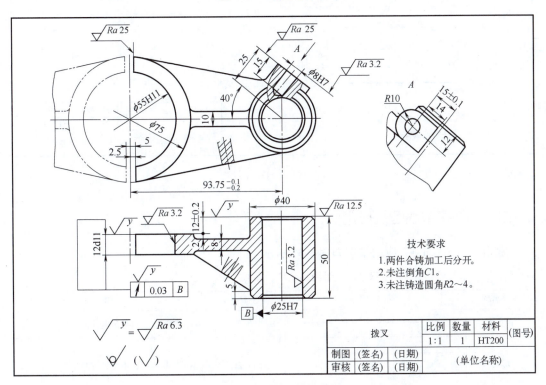

技术要求

1. 两件合铸加工后分开。
2. 未注倒角C1。
3. 未注铸造圆角R2～4。

图 1-33　拨叉零件图

（4）箱体类零件

箱体类零件主要有泵体、阀体、变速箱体、机座等，是机器或部件的主要零件，一般可起支承、容纳运动零件及油气等介质、定位和密封等作用。由于箱体类零件结构、形状比较复杂，加工位置变化较多，通常以自然安放位置或工作位置，将最能反映形状特征及各组成部分之间相对位置的一面，作为主视图的方向。主视图一般多采用剖视、局部剖视等方法表达其复杂的内外结构。主视图确定之后，一般还需要两个或两个以上的基本视图，可根据具体零件的需要选择合适的基本视图、剖视图、剖面图来表达其复杂的内外结构，如图 1-34 所示。

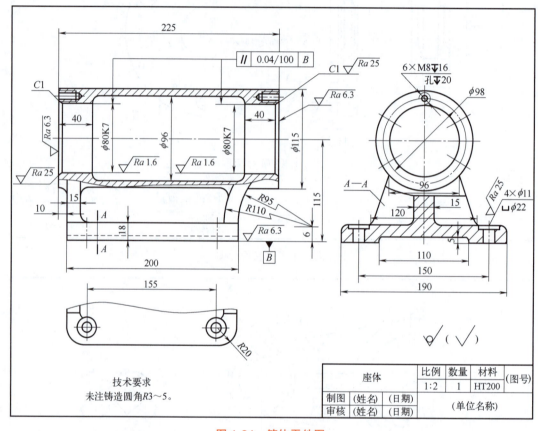

图 1-34　箱体零件图

1.1.3　制图基本线型及应用

常用线型见表 1-1，应用举例如图 1-35 所示。

表 1-1　图线的名称、型式、宽度及应用

图线名称	图线型式	图线宽度	图线应用举例
粗实线	——————	b	可见轮廓线；可见过渡线
虚线	2~6　≈1	约 $b/2$	不可见轮廓线；不可见过渡线等

图线名称	图线型式	图线宽度	图线应用举例
细实线	———————	约 $b/2$	尺寸线、尺寸界线、剖面线、重合断面的轮廓线及指引线等
波浪线	∿∿∿	约 $b/2$	断裂处的边界线等
双折线	⌇⌇	约 $b/2$	断裂处的边界线
细点画线	≈20 ≈3	约 $b/2$	轴线、对称中心线等
粗点画线	≈15 ≈3	b	有特殊要求的线或表面的表示线
细双点画线	≈20 ≈5	约 $b/2$	极限位置的轮廓线、相邻辅助零件的轮廓线、假想投影轮廓线等

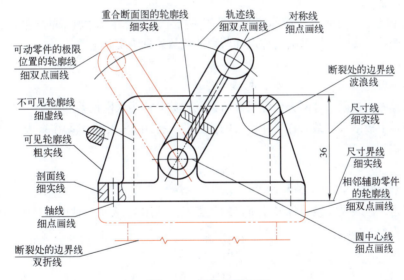

图 1-35 图线应用示例

1.2 公差及标注方法

加工零件时，由于工艺系统误差和其他因素误差的影响，零件几何参数不可能绝对准确，总是有误差存在。我们把零件加工后几何参数（尺寸、形状和位置等）的差异称为加工误差。加工误差包括尺寸误差、形状误差、位置误差和表面粗糙度。要使零件具有互换性，就必须允许零件的几何参数有一个变动量，也就是允许有一个范围的加工误差，这个允许的变动量称为公差。它包括尺寸公差、形状公差、位置公差。

1.2.1 尺寸公差

（1）基本术语及定义

① 尺寸　尺寸是指以特定的单位表示长度值的数字。在机械加工中一般常用毫米（mm）作为特定单位。

② 公称尺寸　公称尺寸是指设计给定的尺寸。孔用 D 表示，轴用 d 表示。一般由设计人员根据零件使用要求，通过计算或对结构等方面进行考虑，并按标准圆整确定的。

③ 实际尺寸　实际尺寸是指通过测量得到的尺寸。孔用 D_0 表示，轴用 d_0 表示。由于测量总有误差存在，因此实际尺寸并不一定是尺寸的真值。另外，由于受零件的形状误差等的影响，不同零件同一部位的实际尺寸也不一定相等。

④ 极限尺寸　极限尺寸是指允许尺寸变动的两个界限值。其中较大的尺寸称为上极限尺寸，较小的尺寸称为下极限尺寸。

孔的上和下极限尺寸分别用 D_{max} 和 D_{min} 表示，轴的上和下极限尺寸分别用 d_{max} 和 d_{min} 表示。

合格零件的实际尺寸应在两个极限尺寸所限制的尺寸范围内，即实际尺寸小于或等于上极限尺寸，大于或等于下极限尺寸。孔的合格条件：$D_{min} \leqslant D_a \leqslant D_{max}$；轴的合格条件：$d_{min} \leqslant d_a \leqslant d_{max}$。

⑤ 尺寸偏差　尺寸偏差（简称偏差）是指某尺寸减去公称尺寸所得的代数差。

a. 实际偏差。实际尺寸减去公称尺寸所得的代数差称为实际偏差。

孔的实际偏差　　　　　　　　　　$E_a = D_a - D$

轴的实际偏差　　　　　　　　　　$e_a = d_a - d$

b. 极限偏差。极限尺寸减去公称尺寸所得的代数差称为极限偏差。

上偏差是上极限尺寸减公称尺寸所得的代数差。孔用 ES 表示，轴用 es 表示。

计算公式为

$$ES = D_{max} - D$$

$$es = d_{max} - d$$

下偏差是下极限尺寸减公称尺寸所得的代数差。孔用 EI 表示，轴用 ei 表示。

计算公式为

$$EI = D_{min} - D$$

$$ei = d_{min} - d$$

⑥ 尺寸公差　尺寸公差（简称公差）是指允许的尺寸变动量。公差等于上极限尺寸与下极限尺寸之差，也等于上偏差与下偏差之差。孔的公差用 T_h 表示，轴用 T_s 表示。

计算公式为

$$T_h = |D_{max} - D_{min}| = |ES - EI|$$

$$T_s = |d_{max} - d_{min}| = |es - ei|$$

⑦ 尺寸误差　尺寸误差是指一批零件的实际尺寸相对于公称（理想）尺寸的偏离范围。当加工条件一定时，尺寸误差表征了加工方法的精度。

尺寸公差是设计规定的误差允许值，体现了设计者对加工方法精度的要求。通过一批零件的测量，可以估算出其尺寸误差，而公差是设计给定的，不能通过测量得到。

总之，公差与极限偏差既有区别又有联系，它们都是由设计规定的。公差表示对一批零件的尺寸均匀程度的要求，即尺寸允许的变动范围，是零件尺寸的精度指标，但不能根据公差来逐一判断工件的合格性。

极限偏差表示零件尺寸允许变动的极限值，原则上与零件尺寸无关，但上下极限偏差和公差又与精度有关。极限偏差是判断零件尺寸是否合格的依据。

⑧ 公差带图 公差带图是用尺寸公差带的高度和相互位置表示公差大小和配合性质，它由零线和公差带组成。

a. 零线。确定偏差的基准线。

b. 公差带。由代表上偏差和下偏差的两条直线所限定的区域，如图1-36所示。

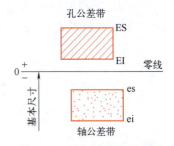

图 1-36 孔和轴的公差带图

（2）尺寸公差标注方式

图1-37所示为孔与轴的尺寸公差标注方式。

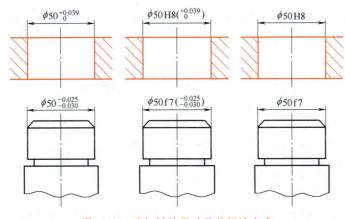

图 1-37 孔与轴的尺寸公差标注方式

图1-38所示为孔与轴的公差配合在图样上的标注方式。

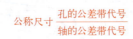

公称尺寸 $\dfrac{\text{孔的公差带代号}}{\text{轴的公差带代号}}$

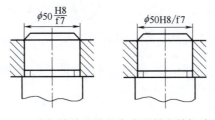

图 1-38 孔与轴的公差配合在图样上的标注方式

1.2.2 形状公差

形状公差是指单一实际要素的形状所允许的变动量，如平面度、直线度、圆度、圆柱度、轮廓度等。形状公差是实际要素的法向几何形状的允许变动量。

笔记 ✏

下面是常见的形状公差。

① 直线度（—） 直线度是限制实际直线对理想直线的变动量的一项指标，它是针对直线发生不直而提出的要求，如图 1-39 所示。

② 平面度（▱） 平面度是限制实际平面对理想平面的变动量的一项指标，它是针对曲面与理想平面间不平整程度提出的要求，如图 1-40 所示。

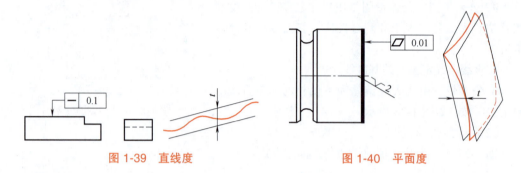

图 1-39　直线度　　　　　　　　　图 1-40　平面度

③ 圆度（○） 圆度是限制实际圆对理想圆的变动量的一项指标，它用于控制回转表面半径不均匀的程度，如图 1-41 所示。

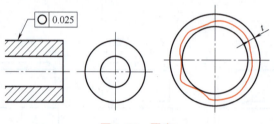

图 1-41　圆度

④ 圆柱度（⌿） 圆柱度是限制实际圆柱面对理想圆柱面的变动量的一项指标，它用于控制圆柱面的横截面和轴截面的各项形状变动误差的综合指标，如图 1-42 所示。

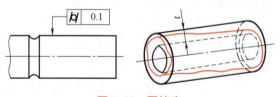

图 1-42　圆柱度

⑤ 轮廓度（⌒） 轮廓度是限制实际曲线对理想曲线的变动量的一项指标，它是对曲线上各点的坐标误差的综合评价，如图 1-43 所示。

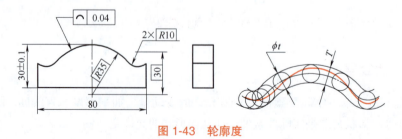

图 1-43　轮廓度

1.2.3 位置公差

位置公差是指关联实际要素的方向或位置对基准所允许的变动全量。位置公差带是限制关联实际要素变动的区域，被测实际要素位于此区域内为合格。

① 平行度 ∥ 平行度是指两平面或者两直线平行的程度，即其中一平面（边）相对于另一平面（边）平行的误差的最大允许值，如图 1-44 所示。

② 垂直度 ⊥ 垂直度用于评价直线之间、平面之间或平面与直线之间的垂直状态，公差带为垂直于基准线（面）的两个平行平面之间的区域，两个平行平面间的距离为 t（$t=0.06$），被测线（面）必须位于这两个平面之间，如图 1-45 所示。

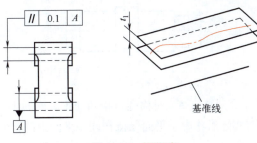

图 1-44　平行度

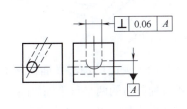
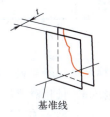

图 1-45　垂直度

③ 倾斜度 ∠ 倾斜度与垂直度相似，如图 1-46 所示。

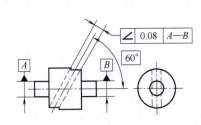

图 1-46　倾斜度

④ 位置度 ⊕ 位置度用于形容测量点或线与其理论所在位置的偏差，公差带即为该偏差的大小，如图 1-47 所示。

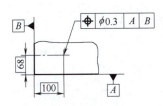

图 1-47　位置度

⑤ 同轴度（同心度）◎ 同轴度是指零件要求的轴线偏离基准轴线所在直线的程度，即理论上应在同一直线上的两条轴线发生了偏离，规定该偏离的最大值为 $t/2$，如图 1-48 所示。

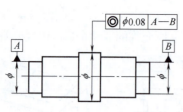
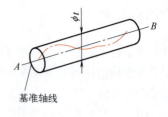

图 1-48　同轴度（同心度）

⑥ 对称度⊜　对称度是指两加工表面的中心平面偏离基准平面的程度，即要求的基准平面与实际对称中心平面保持在同一平面内的程度，如图 1-49 所示。

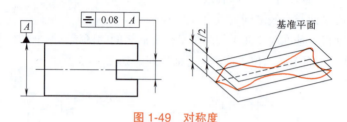

图 1-49　对称度

图 1-49 中对称度图标所要表示的面称为两加工表面的中心平面，该中心平面必须位于距离为公差值 0.08mm，且相对于基准平面 *A* 对称分布的两平行平面之间。

⑦ 圆跳动／　圆跳动是指零件绕基准轴线旋转一周，量具在固定位置的显示值的变动。

a. 径向圆跳动。

径向圆跳动是圆柱外表面随圆柱绕基准轴线的转动产生的径向跳动，如图 1-50 所示。

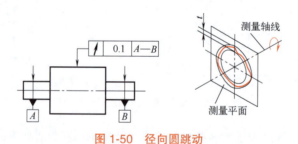

图 1-50　径向圆跳动

b. 端面圆跳动。

端面圆跳动是圆柱的端面产生的轴向跳动，如图 1-51 所示。

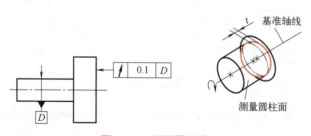

图 1-51　端面圆跳动

1.3　识读零件图

零件是组成机器的最小单元，任何一台机器或部件都是由零件按一定的装配关系和技术要求装配而成的。零件图是指表达单个零件的结构、尺寸、大小及加工技术要求的图样，它反映了设计者的设计思想，表达出了机器或部件对零件的要求，同时要考虑结构和制造的可能性与合理性，是制造和检验零件的依据。

（1）零件图的作用与内容

图 1-52 所示为泵盖零件图，可以看出，一张完整的零件图应包括以下内容。

①一组视图　包括基本视图、剖视图、断面图等，用来正确、完整、清晰地表达零件的结构形状。

②完整的尺寸　应正确、完整、清晰、合理地标注出零件的全部尺寸。

③技术要求　技术要求是指用规定的符号、数字及文字来说明零件在制造和检验过程中应达到的各项技术要求，如尺寸公差、形状公差、位置公差、表面粗糙度、材料的热处理与表面处理要求等。

④标题栏　标题栏用于填写零件的名称、材料、重量、数量、绘图比例、有关人员的签名及日期等信息。

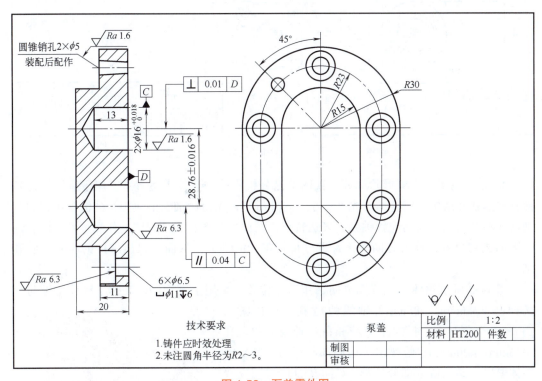

图 1-52　泵盖零件图

（2）读零件图的方法与步骤

读零件图，就是根据已有的零件图，了解零件的名称、材料、用途，分析其视图、尺寸、技术要求，从而想象出零件各组成部分的形状、结构、大小及相对位置，理解设计意图，清楚零件在机器中的作用。

① 看标题栏，概括了解　从标题栏了解零件的名称、材料、比例、质量及机器或部件的名称等信息，大致了解零件的类型、用途、结构特点、毛坯形式及大小。阀体零件图如图 1-53 所示，从标题栏可知该零件为阀体，属于箱体类零件；材料为铸铝；数量为1 个。

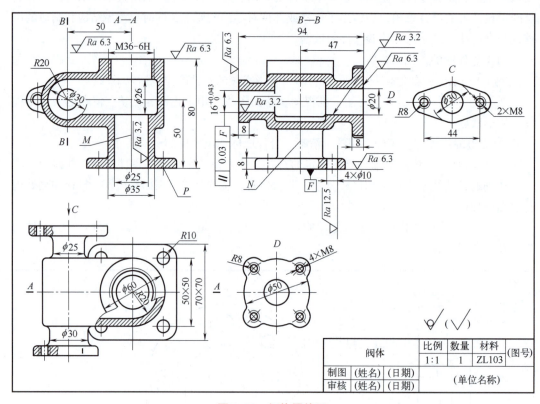

图 1-53　阀体零件图

② 分析视图，想象形状　分析视图就是分析零件的具体表达方案，用于搞清零件各部分的形状和结构。应遵循"先大后小，先外后里，先粗后细"的原则，分清基本视图与辅助视图及它们之间的配置关系、表达特点，例如斜视图、局部视图的作用，剖视图、剖面图的剖切位置，投射方向等，着重分析较难懂的部分，从而想象出零件的实际形状和结构。

图 1-53 所示阀体的主视图方向选用工作位置，采用全剖视图，表达了阀体空腔与交叉两孔（$\phi26$mm、$\phi25$mm）轴线的位置。左视图采用 B—B 全剖视图，反映了空腔和在一轴线上的两孔（$\phi16$mm、$\phi20$mm）。俯视图采用局部剖视图，既反映阀体壁厚，又保留了部分外形。C 向及 D 向视图反映了两端凸缘的形状。通过上述分析，对照投影关系，综合想象出阀体的轮廓，如图 1-54 所示的阀体轴测图。

③ 分析尺寸　分析零件的尺寸，了解零件各部分大小。首先分析零件长、宽、高三个尺寸的基准，从基准出发找出各部分的定形尺寸及定位尺寸。在图 1-53

图 1-54　阀体轴测图

中，阀体长度尺寸以轴线 M 为基准；因阀体前、后对称，所以其宽度尺寸基准为前后对称轴线所在的平面 N；高度尺寸的基准为下底面 P，其他尺寸可根据基准自行分析。

④ 看技术要求　根据图上标注的表面粗糙度、尺寸公差、形位公差及其他技术要求，理解有关尺寸的加工精度、表面质量及作用，进一步了解零件的结构特点和设计意图，据此也可以确定零件的制造方法。从图 1-53 可知，阀体中 $\phi16$mm 孔的尺寸精度和表面粗糙度要求最高，其表面粗糙度 Ra 为 3.2μm，尺寸精度要求为 $\phi16^{+0.043}_{0}$mm，几何公差要求为 $\phi16$mm 孔的轴线相对于基准面 F 的平行度公差 0.03mm。

⑤ 归纳综合　将零件的结构形状、尺寸标注和技术要求等进行综合归纳，即可得出零件的整体形状，达到看图的目的。

【学习小结】

本部分讲解了机械制图和公差的基本知识，目的是让学生在金工实习时能够读懂机械图纸，按照图纸制定加工工艺，完成机械加工实训内容。

【思考题】

当我们在读取机械图纸时，应该按照什么顺序来进行？需要注意哪些关键点？

笔记

金属材料基本知识

思维导图

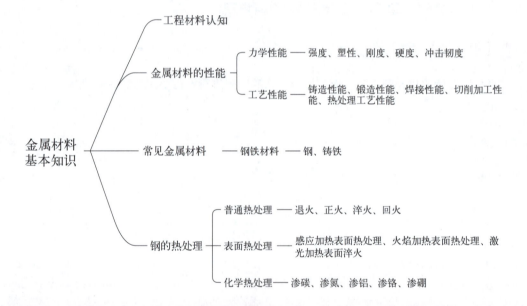

金属材料基本知识
- 工程材料认知
- 金属材料的性能
  - 力学性能 —— 强度、塑性、刚度、硬度、冲击韧度
  - 工艺性能 —— 铸造性能、锻造性能、焊接性能、切削加工性能、热处理工艺性能
- 常见金属材料 —— 钢铁材料 —— 钢、铸铁
- 钢的热处理
  - 普通热处理 —— 退火、正火、淬火、回火
  - 表面热处理 —— 感应加热表面热处理、火焰加热表面热处理、激光加热表面淬火
  - 化学热处理 —— 渗碳、渗氮、渗铝、渗铬、渗硼

2.1 工程材料认知

材料是指可以直接制成成品的物质，如木料、石料、塑料、金属等。用于工业生产的材料属于工程材料。常见的工程材料包括金属材料、非金属材料和复合材料三大类，其分类如图 2-1 所示。

金属材料来源丰富，并具有良好的使用性能和加工性能，是机械制造中应用最广的材料。

非金属材料是近些年快速发展的工程材料，具有优良的耐蚀性、绝缘性和成形性能，成本低、质量轻，广泛应用于轻工业、家电行业等。

复合材料是将两种以上的材料组合于一体，进而获得比单一材料更为优越的综合性能，主要应用于航空、航天、医疗、军事、体育等领域。

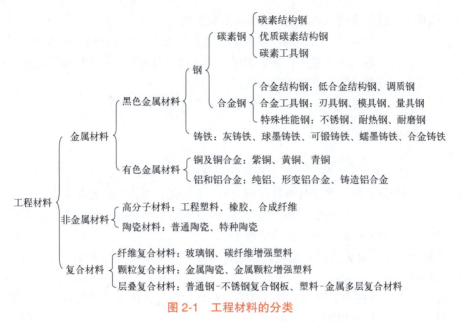

图 2-1　工程材料的分类

2.2　金属材料的性能

各种材料具有各自的优点与不足，设计与制造产品时，需要根据产品的功能要求、强度要求、制造要求、成本要求、环保要求等因素综合选用。选择工程材料需要考察的材料性能主要有使用性能和工艺性能两大类。材料的使用性能主要指材料的力学性能（弹性、强度、塑性、硬度、冲击韧度、疲劳特性、耐磨性）、物理和化学性能（密度、熔点、导热性、热膨胀性、耐腐蚀性、抗氧化性、光性能、电性能、磁性能）；工艺性能则是指材料的铸造性能、锻造性能、焊接性能及切削加工性能等。

笔记 ✎

2.2.1　力学性能

材料的力学性能是指材料在外力的作用下所表现出来的性能，主要包括强度、塑性、刚度、硬度和冲击韧性等。

①强度　材料抵抗永久变形和断裂的能力。常用的强度指标是屈服强度和抗拉强度。

屈服强度是指材料在拉伸过程中，载荷不增大而试样伸长量却在继续增加时的应力。在机械设计中，有时机械零件不允许发生塑性变形，或只允许少量的塑性变形，否则会失效，因此屈服强度是机械零件设计的主要依据。抗拉强度是指试样在拉断前所能承受的最大应力，它是机械零件设计和选材的重要依据。

②塑性　材料在外力的作用下产生塑性变形而不致破坏的能力。

③刚度　材料在受力时，抵抗弹性变形的能力。

④硬度　材料抵抗局部变形，特别是塑性变形、压痕或划痕的能力。在产品设计图样的技术条件中，硬度是一项重要的技术指标。硬度实验是实际生产中最常用的机械零件力学性能的实验方法。生产中应用较多的有洛氏硬度和布氏硬度。

洛氏硬度的测定是用顶角为 120° 的金刚石圆锥或直径为 1.588mm 的淬硬钢球作压头，

以相应的载荷压入试样表面，由压痕深度确定其硬度值。

布氏硬度的测定是用一定直径的淬硬钢球或硬质合金球，在规定载荷的作用下压入试样表面，保持一定时间后，卸除载荷，取下试样，用读数显微镜测出表面压痕的直径，根据压痕直径、压头直径及载荷查表求出布氏硬度值。

⑤ 冲击韧性　是材料在冲击载荷作用下抵抗断裂的能力。

2.2.2　工艺性能

从材料到零件或产品的整个生产过程比较复杂，涉及多种加工方法。为了使工艺简便、成本低廉，且能保证质量，要求材料具有相应的工艺性能。其主要内容如下。

① 铸造性能　主要包含流动性和收缩性。前者指熔融金属的流动能力；后者指浇注后熔融金属冷至室温时伴随的体积和尺寸的减小。

② 锻造性能　指金属进行锻造时，其塑性的好坏和变形抗力的大小。塑性高、变形抗力小，锻造性好。

③ 焊接性能　指在一定焊接工艺条件下，获得优质焊接接头的难易程度。它受到材料本身的特性和工艺条件的影响。

④ 切削加工性能　指材料接受切削加工的难易程度。材料加工性能的好坏与材料的力学、物理、化学性能有关。

⑤ 热处理工艺性能　指金属材料通过热处理后改变或改善其性能的能力，它包括淬透性、氧化脱碳倾向、变形开裂倾向等。

2.3　常见金属材料

钢铁是指钢和铸铁。工业用钢按化学成分可分为碳素钢和合金钢两大类。碳素钢是碳的质量分数小于 2.11% 的铁碳合金。合金钢是为了改善和提高碳素钢的性能或使之获得某些特殊性能，在碳素钢的基础上，特意加入某些合金元素而得到的以铁为基础的多元合金。合金钢的性能比碳素钢更加优良，因此合金钢的用量逐年增大。

（1）钢

碳素钢是以铁和碳为主要元素组成的，常含有硅、锰、硫、磷等杂质成分。由于这类钢容易冶炼、价格低廉、工艺性好，在机械制造业中得到了广泛的应用，见表 2-1。

表 2-1　碳素钢的牌号、种类和用途

种类	碳素结构钢	优质碳素结构钢	一般工程用铸铁碳钢	碳素工具钢
牌号举例	Q195、Q215、Q235、Q255	08F、08、15、20、35、45、60、45Mn	ZG200-390、ZG270-500、ZG339-639	T7、T8、T10、T10A、T12、T13
牌号意义	如 Q235-AF，字母 "Q" 是屈服强度的汉语拼音的第一个字母；235 表示屈服强度值；"A" 表示质量等级，分为 A、B、C、D 四级；"F" 表示沸腾钢	两位数字表示钢中碳的质量分数（‰），锰的质量分数在 0.7%～1.2% 时加 Mn 表示	"ZG" 表示铸钢，前三位数字表示最小屈服强度值，后三位数字表示最小抗拉强度值。碳的质量分数越高，强度越高	"T" 表示碳，其后的数字表示碳的质量分数（‰），"A" 表示高级优质
用途举例	建筑结构件、螺栓、销轴、键、连杆、法兰盘、锻件坯料等	冲压件、焊接件、轴、齿轮、活塞销、套筒、弹簧等	机座、箱体、连杆、齿轮等	冲头、板牙、圆锯片、丝锥、钻头、锉刀、量规等

合金钢是在碳素钢的基础上加入一些合金元素组成的钢。常用的合金元素有锰、硅、铬、镍、钼、钨、钒、钛、硼等。工业上常按用途把合金钢分成合金结构钢、合金工具钢、特殊性能钢。部分合金钢见表2-2。

表2-2　常用合金钢的牌号、种类和用途

类　别	牌号举例	牌号意义	用途举例
低合金高强度结构钢	Q345C、Q390C	"Q"为屈服强度的汉语拼音第一个字母，"345"表示屈服强度值，"C"表示质量等级	用于制造工程结构，如压力容器、桥梁、船舶等
合金结构钢	20Cr、50Mn2、GCr15	前面两位数字表示钢中碳的质量分数（‰），元素符号表示所含合金元素，元素符号后面的数字表示该元素的质量分数（%），质量分数小于1.5%时一般不标出。若为高级优质钢，则在钢号后面加"A"，如20Cr表示w_C为0.20%、w_{Cr}<1.5%的合金结构钢。滚动轴承钢前面加字母"G"，Cr后面的数字表示该元素的质量分数（‰）	用于制造各种轴类、连杆、齿轮、重要螺栓、弹簧及弹性零件、滚动轴承、丝杠等
合金工具钢及高速工具钢	9SiCr、W18Cr4V	前面一位数字表示钢中碳的质量分数（%）。当$w_C \geqslant 1.0\%$时不标出，w_C<1.0%时以千分之几表示；高速钢例外，w_C<1.0%时也不标出。合金元素质量分数的表示方法同合金结构钢	用于制作各种刀具（如板牙、车刀、钻头等）、模具（如冲裁模、拉丝模等）、量具（如千分尺等）
特殊性能钢	1Cr18Ni9、15CrMo	前面一位数字表示钢中碳的质量分数（‰）。当$w_C \leqslant 0.03\%$时，钢号前以"00"表示；当$w_C \leqslant 0.08\%$时，钢号前以"0"表示。合金元素的质量分数的表示方法同合金结构钢	用于制作各种耐腐蚀及耐热零件，如汽轮机叶片、手术刀、锅炉等

（2）铸铁

铸铁是以铁和碳为主的合金，其碳的质量分数大于2.11%，此外还含有硅、锰、硫、磷等元素。由于铸铁生产方法简便、成本低廉、性能优良，所以是人类最早使用和广泛使用的金属材料之一。根据碳在铸铁中存在的形式及石墨的形态的不同，将铸铁分为灰铸铁、球墨铸铁、可锻铸铁、蠕墨铸铁、合金铸铁等。常用铸铁的牌号、种类和用途见表2-3。

表2-3　常用铸铁的牌号、种类和用途

名称	类　别				
	灰铸铁	球墨铸铁	可锻铸铁	蠕墨铸铁	合金铸铁
常用种类	HT150、HT200、HT350	QT400-18、QT600-3、QT900-2	KTH330-08、KTH370-12、KTZ650-02	RuT300、RuT340、RuT380	RTCr16、RTSi5
牌号意义	"HT"表示灰铸铁，数字表示最小抗拉强度值	"QT"表示球墨铸铁，前面的数字表示最小抗拉强度值，后面的数字表示断后伸长率	"KTH"表示黑心可锻铸铁，"KTZ"表示珠光可锻铸铁，数字意义同球墨铸铁	"RUT"表示蠕墨铸铁，数字表示最小抗拉强度值	"RT"表示耐热铸铁，化学符号表示合金元素，数字表示合金元素的质量分数（%）
用途举例	底座、床身、泵体、气缸体、阀体、凸轮等	扳手、犁刀、曲轴、连杆、机床主轴等	扳手、船用电机壳、传动链条阀门、管接头等	齿轮箱体、气缸盖、活塞环、排气管等	化工机械零件、炉底、坩埚换热器等

笔记 ✎

2.4　钢的热处理

钢的热处理是将钢在固态下通过加热、保温、冷却方法，使钢的组织结构发生变化，从而获得所需性能的工艺方法。热处理工艺过程包括下列三个步骤。

① 加热　加热是指以一定的加热速度把零件加热到规定的温度范围。这个温度范围可根据不同的钢材料、不同的热处理要求确定。

② 保温　工件在规定温度下恒温保持一定时间，使零件内外温度均匀。

③ 冷却　保温后的零件以一定的冷却速度冷却下来。

把零件的加热、保温、冷却过程绘制在温度-时间坐标上，就可以得到如图 2-2 所示的热处理工艺曲线。

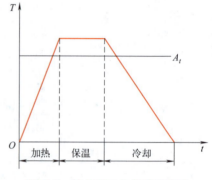

图 2-2　热处理工艺曲线示意图

在机械制造中，热处理具有很重要的地位。例如，钻头、锯条、冲模，必须有高的硬度和耐磨性方能保持锋利，达到加工金属的目的，因此除选用合适的材料外，还必须进行热处理。此外，热处理还可改善材料的工艺性能，如改善加工性，使切削省力、刀具磨损小，且工件表面质量高。热处理工艺有很多，一般可分为普通热处理、表面热处理和化学热处理等。

2.4.1　普通热处理

钢的普通热处理工艺有退火、正火、淬火和回火四种。

（1）退火

退火是将金属或合金件加热到适当温度，保温一定时间，然后缓慢冷却的热处理工艺。其目的是降低硬度，消除内应力，改善组织和性能，为后续的机械加工和热处理做好准备。生产中常用的退火方法包括消除中碳钢铸件缺陷的完全退火、改善高碳钢（如刀具、量具、模具等）加工性的球化退火和去除大型铸、锻件应力的去应力退火等。

（2）正火

正火是将钢件加热到适当温度，保温适当的时间后，在空气中冷却的热处理工艺。其主要目的是细化晶粒、消除内应力。由于正火冷却速度比退火快，故同类钢件正火后的硬度和强度要略高于退火，而且由于正火不是随炉冷却，所以生产率高、成本低。因此，在满足性能要求的前提下，应尽量采用正火，普通的机械零件常用正火做最终热处理。

（3）淬火

淬火是将钢件加热到适当温度，保温一定时间，然后以较快速度冷却的热处理工艺。其主要目的是提高钢的硬度和耐磨性。淬火是用于钢件强化的最经济最有效的热处理工艺，几乎所有的工模具和重要零部件最终都需要进行淬火，在热处理工艺中应用最广。

① 淬火介质　由于不同成分的钢所要求的冷却速度不同，故应通过使用不同的淬火介质来调整钢件淬火冷却速度。最常用的淬火介质有水、油、盐溶液和碱溶液及其他合成淬火介质。淬火的基本要求是：既要使工件淬硬，又要避免产生变形和开裂。因此，选用合适的

笔记

淬火介质对钢件淬火十分重要。碳钢淬火常用水冷却,合金钢淬火常用油冷却。

② 操作方法　工件淬火时浸入淬火介质的操作是否正确,对减小工件变形和避免工件开裂有着重要的影响。为保证工件淬火时得到均匀的冷却,减小工件的内应力,并且考虑工件的重心稳定,正确的工件浸入淬火介质的方法是:厚薄不均的零件,应使厚的部分先浸入淬火介质;细长的零件(如钻头、轴等),应垂直浸入淬火介质中;薄而平的工件(如圆盘、铣刀等),必须直立放入淬火介质中;薄壁环状零件,浸入淬火介质时,它的轴线必须垂直于液面;不通孔的工件,应将孔朝上浸入淬火介质中;十字形或 H 形工件,应斜着浸入淬火介质中。各种形状的零件浸入淬火介质的方法如图 2-3 所示。

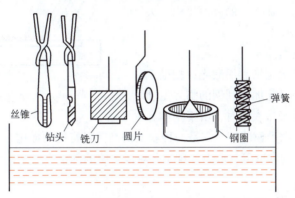

图 2-3　各种形状的零件浸入淬火介质的方法

（4）回火

回火是指钢件淬硬后,再加热到适当温度,保温一定时间,然后冷却到室温的热处理工艺。其主要目的是消除和降低内应力、防止开裂、调整硬度、提高韧性,从而获得强度、硬度、塑性和韧性配合适当的力学性能,稳定钢件的组织和尺寸。一般淬火后的钢件必须立即回火,避免淬火钢件的进一步变形和开裂,获得适度的强度和韧性。

根据加热温度的不同,回火可分为以下三种。

① 低温回火　温度在 200 ～ 250℃的回火,使钢件的内应力和脆性降低,保持了淬火钢件的高硬度和高耐磨性,硬度可达 60HRC 以上。各种工、模具淬火后,应进行低温回火。

② 中温回火　温度在 300 ～ 500℃的回火,使钢件中的内应力大部分清除,并具有一定的韧性和高弹性,硬度达 35 ～ 45HRC。各种弹簧常进行中温回火。

③ 高温回火　温度在 500 ～ 650℃的回火。将淬火及高温回火的复合热处理工艺称为调质。钢经调质后具有强度、硬度、塑性、韧性都较好的综合力学性能。回火后硬度一般为 200 ～ 300HBS。各种重要零件(如连杆、螺栓、齿轮及轴类等)常进行调质处理。

2.4.2　表面热处理

表面热处理是指仅对工件表面进行热处理以改变其组织和性能的工艺。表面热处理只对一定深度的表层进行强化,而心部基本上保持处理前的组织和性能,因而工作表面具有高强度、高耐磨性,而心部具有高韧性,可获得三者比较满意的结合。同时,由于表面热处理是局部加热,所以能显著减少淬火变形,降低能耗。

（1）感应加热表面热处理（高频感应加热淬火）

感应加热表面热处理是指利用感应电流通过工件所产生的热效应,使工件表面加热并

笔记 ✎

进行快速冷却的淬火工艺，主要用于中碳钢和中碳合金钢件，如齿轮、凸轮、传动轴等。优点：加热速度快，表面氧化、脱碳和变形小，容易控制和操作，生产率高，易于实现机械化、自动化，适用于成批生产。缺点：设备较贵，形状复杂的零件的感应器不易制造。

（2）火焰加热表面热处理

火焰加热表面热处理是指应用氧 - 乙炔或其他燃气火焰对零件表面进行加热，随之淬火冷却的工艺，也称火焰加热淬火。优点：设备简单、成本低。缺点：生产率低，质量较难控制。因此，其只适用于单件、小批量生产或大型零件（如大型齿轮、轴等）的表面淬火。火焰热淬火如图 2-4 所示。

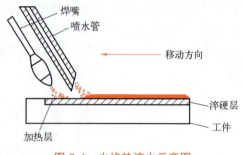

图 2-4　火焰热淬火示意图

（3）激光加热表面淬火

激光加热表面淬火是指利用激光束扫描工件表面，使工件表面迅速加热到钢的临界温度以上，当激光束离开工作表面时，由于基体金属的大量吸热而使表面迅速冷却，它是一种新型的高能量密度的强化方法，可用于拐角、沟槽、不通孔底部、深沟内壁等一般热处理工艺难以解决的部位。

2.4.3　化学热处理

化学热处理是将工件置于特定的介质中加热和保温，使一种或几种元素的原子渗入工件表面，用于改变表层的化学成分和组织，进而获得所需性能的热处理工艺。其目的是提高钢件的表面硬度、耐磨性和抗蚀性，而钢件的心部仍保持原有性能。常用的化学热处理有渗碳、渗氮、渗铝、渗铬、渗硼及几种元素共渗（如碳氮共渗等）。

（1）渗碳

渗碳是指为了增加工件表面的含碳量和获得一定的碳浓度梯度，将工件在渗碳介质中加热并保温，使碳原子深入表层的化学热处理工艺，可分为气体渗碳法、液体渗碳法和固体渗碳法，常用的是气体渗碳法。气体渗碳法是将工件装入密封的井式气体渗碳炉中，加热至 $900 \sim 950℃$，滴入煤油、甲醇等液体，煤油受热后分解出活性碳原子，渗入工件表面。渗碳适用于低碳钢和低碳合金结构钢，如 20 钢、20CrMnTi 等。渗碳后可获得 $0.5 \sim 20mm$ 的高碳表层，再经淬火、低温回火，使钢件表面具有高硬度、高耐磨性，而心部具有良好塑性和韧性，使钢件既耐磨，又抗冲击。渗碳主要用于在摩擦冲击条件下工作的零件，如汽车变速器齿轮、活塞销等。

（2）渗氮

渗氮是指将工件放在渗氮介质中加热、保温，使氮原子渗入工件表层的工艺。工件渗氮后表面可形成 $0.5 \sim 0.6mm$ 的氮化层，不需淬火就具有高的硬度、耐磨性、抗疲劳性和一定的耐蚀性，而且变形很小。但渗氮处理的时间长、成本高，目前主要用于 38CrMoAl 钢制造的精密丝杠、高精度机床主轴等精密零件。

（3）渗铝

渗铝是指向工件表面渗入铝原子的工艺。渗铝件具有良好的高温抗氧化能力，主要适用于石油、化工、冶金等行业的管道和容器。

笔记 ✎

（4）渗铬

渗铬是指向工件表面渗入铬原子的工艺。渗铬工件具有耐蚀、抗氧化、耐磨和较好的抗疲劳性能，并兼有渗碳、渗氮和渗铝工件的优点。

（5）渗硼

渗硼是指向工件表面渗入硼原子的工艺。渗硼工件具有高硬度、高耐磨性和好的热硬性（可达 800℃），并对盐酸、硫酸和碱液有抗蚀性。渗硼应用在泥浆泵衬套、挤压螺杆、冷冲模及排污阀等的制造中，能显著提高工件的使用寿命。

【学习小结】

本部分介绍了工程材料的分类，金属材料的力学性能和工艺性能，以及钢的热处理方法。金工实习会使用到金属材料，为达到更好的加工质量，需要对金属材料有一定的了解。

【思考题】

简述钢的各种普通热处理方法对钢的性能有哪些改善。

笔记

切削加工基本知识

思维导图

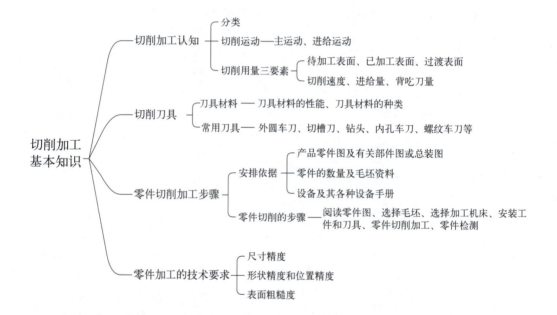

切削加工基本知识
- 切削加工认知
  - 分类
  - 切削运动——主运动、进给运动
  - 切削用量三要素
    - 待加工表面、已加工表面、过渡表面
    - 切削速度、进给量、背吃刀量
- 切削刀具
  - 刀具材料——刀具材料的性能、刀具材料的种类
  - 常用刀具——外圆车刀、切槽刀、钻头、内孔车刀、螺纹车刀等
- 零件切削加工步骤
  - 安排依据
    - 产品零件图及有关部件图或总装图
    - 零件的数量及毛坯资料
    - 设备及其各种设备手册
  - 零件切削的步骤——阅读零件图、选择毛坯、选择加工机床、安装工件和刀具、零件切削加工、零件检测
- 零件加工的技术要求
  - 尺寸精度
  - 形状精度和位置精度
  - 表面粗糙度

3.1 切削加工认知

切削加工是利用切削刀具和工件做相对运动，从毛坯（铸件、锻件、型材等）上切除多余的金属层，用于获得尺寸精度、形状和位置精度，表面质量完全符合图样要求的机器零件的加工方法。经过铸、锻、焊所加工出来的大都为零件的毛坯，往往不能在机器上直接使用，需要进行切削加工，才能满足零件的技术要求。

3.1.1 切削加工的分类

切削加工分为机械加工（简称机加工）和钳工两大部分。

机械加工是指通过操作机床对零件进行切削加工。机加工的主要加工方式有车削、铣削、刨削、磨削、镗削、钻削等，如图3-1所示，使用的机床分别为车床、铣床、刨床、磨床、镗床和钻床等。

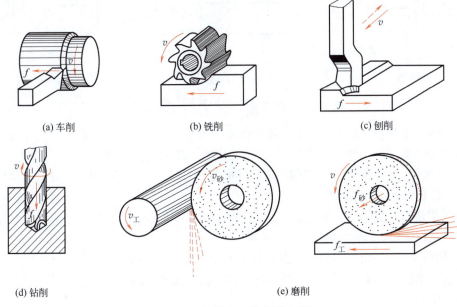

| (a) 车削 | (b) 铣削 | (c) 刨削 |

(d) 钻削　　　　　　　　　　　(e) 磨削

图 3-1　机械加工的主要方式

3.1.2　切削运动

切削运动是靠刀具和工件之间的相对运动来实现的。各种机床为实现加工所必需的加工刀具与工件间的相对运动称为切削运动。根据在切削过程中所起的作用不同，切削运动分为主运动和进给运动。

① 主运动　主运动是指能够提供切削加工可能性的运动。没有主运动，就无法对工件进行切削加工。在切削过程中主运动速度最高，消耗动力最大。图3-1中，车削中工件的旋转运动、铣削中铣刀的旋转运动、磨削中砂轮和钻削中钻头的旋转运动、刨削中刨刀的往复直线运动都是主运动。

② 进给运动　进给运动是指能够提供连续切削可能性的运动。没有这个运动，就不能连续切削。在切削加工中，进给运动速度相对低，消耗的动力相对低。如图3-1所示，车削中车刀的纵、横向移动，钻削中钻头的轴向移动，刨削和铣削中工件的横、纵向移动，磨削外圆时工件的旋转和往复轴向移动及砂轮周期性横向移动都是进给运动。

切削加工中主运动只有一个，进给运动则可能是一个或几个。

主运动和进给运动可以由刀具单独完成（如钻床上钻孔），也可以由刀具和工件分别完成（如铣削、车床上钻孔）。主运动和进给运动可以同时进行（如车削、铣削、钻削、磨削），也可以交替进行（如刨削）。

3.1.3　切削用量三要素

在切削过程中，切削运动会使工件产生三个不断变化的表面，如图3-2所示。

笔记 ✐

37

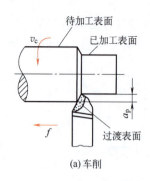
(a) 车削

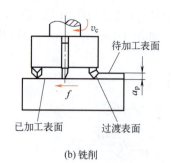
(b) 铣削

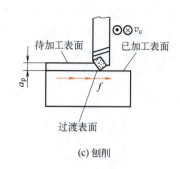
(c) 刨削

图 3-2 切削时的三个表面

① 待加工表面 工件上有待于切除的表面。

② 已加工表面 工件上经过刀具切削后产生的新表面。

③ 过渡表面 工件上由主切削刃形成的那部分表面，也称切削表面。过渡表面是待加工表面与已加工表面的过渡面。

切削用量三要素是指切削速度、进给量和背吃刀量（也称切削深度），是切削时各运动的参数，是切削加工前调整机床运动的依据。

④ 切削速度 v 切削刃上选定点相对于工件在主运动方向上的瞬时速度，用符号"v"表示，法定单位为 m/s，但在生产中除磨削的切削速度单位用 m/s 表示外，其他切削速度单位习惯上用 m/min 表示。

当主运动为旋转运动时（如车削、铣削、磨削、镗削等），切削速度 v 的计算式为

$$v = \frac{\pi Dn}{1000 \times 60}(\text{m/s}) \quad \text{或} \quad v = \frac{\pi Dn}{1000}(\text{m/min}) \qquad (3\text{-}1)$$

当主运动为往复直线运动时（如刨削、钻削），切削速度 v 的计算式为

$$v = \frac{2Ln_r}{1000 \times 60}(\text{m/s}) \quad \text{或} \quad v = \frac{2Ln_r}{1000}(\text{m/min}) \qquad (3\text{-}2)$$

式中，D 为待加工表面的直径或刀具切削处的最大直径，mm；n 为工件或刀具的转速，r/min；L 为往复运动行程长度，mm；n_r 为主运动每分钟往复的次数，次 /min。

若提高切削速度，生产率和加工质量都会有所提高，但切削速度的提高受到机床功率和刀具耐用度的限制。

⑤ 进给量 f 进给量是指主运动在一个工作循环内，刀具与工件在进给运动方向上的相对位移量，用符号"f"表示，其单位为 mm/r 或 mm/ 次。

当主运动为旋转运动时，进给量 f 的单位为 mm/r，称为每转进给量。

当主运动为往复直线运动时，进给量的单位为 mm/ 次，称为每行程进给量。

对于铰刀、铣刀等多齿刀具，进给量是指每齿进给量，即

$$f_z = \frac{f}{z} \qquad (3\text{-}3)$$

单位时间进给量称为进给速度 v_f，单位为 mm/s 或 mm/min。进给量越大，生产率一般越高，但是，工件表面的加工质量也越低。

⑥ 背吃刀量 a_p 背吃刀量一般是指工件待加工表面与已加工表面间的垂直距离。铣削的背吃刀量 a_p 为沿铣刀轴线方向上测量的切削层尺寸。

笔记 ✐

车削外圆时，背吃刀量计算式为

$$a_p = \frac{D-d}{2} \qquad (3-4)$$

式中，D、d 为工件上待加工表面和已加工表面的直径，mm。

若背吃刀量增加，生产率会提高，但切削力也会随之增加，故容易引起工件振动，使加工质量下降。

切削用量三要素是影响加工质量、刀具磨损、生产率及生产成本的重要参数。粗加工时，一般以提高生产率为主，兼顾加工成本，可选用较大的背吃刀量和进给量，但切削速度受机床功率和刀具耐用度等因素的限制而不宜太高。半精、精加工时，在保证加工质量的前提下，考虑经济性，可选较小的背吃刀量和进给量，一般情况下选较高的切削速度。在切削加工时，可参考切削加工手册及有关工艺文件来选择切削用量。

3.2　切削刀具

在切削过程中，刀具的性能直接影响着工件的加工质量、生产成本和生产率的高低。而刀具性能的好坏主要取决于刀具材料切削性能的优劣以及刀具切削部分的结构和几何参数等因素。

3.2.1　刀具材料

（1）刀具材料的性能

为了适应繁重的切削负荷和恶劣的工作条件，刀具材料应具备以下几方面的性能。

① 足够的硬度和耐磨性　硬度是刀具材料应具备的基本性能。刀具硬度应高于工件材料的硬度，常温硬度一般须在 60HRC 以上。耐磨性是指材料抵抗磨损的能力，其与材料硬度、强度和组织结构有关。材料硬度越高，耐磨性越好；组织中碳化物和氮化物等硬质点的硬度越高、颗粒越小、数量越多且分布越均匀，则耐磨性越高。

② 足够的强度与韧性　切削时刀具要承受较大的切削力、冲击和振动，为避免崩刃和折断，刀具材料应具有足够的强度和韧性。材料的强度和韧性通常用抗弯强度和冲击强度表示。

③ 较高的耐热性和传热性　耐热性是指刀具材料在高温下保持足够的硬度、耐磨性、强度、韧性、抗氧化性、抗黏结性和抗扩散性的能力（又称热稳定性）。通常把材料在高温下仍保持高硬度的能力称为热硬性（又称红硬性），它是刀具材料保持切削性能的必要条件，刀具材料的高温硬度越高，耐热性越好，允许的切削速度越高。

刀具材料的传热系数大，有利于将切削区的热量传出，降低切削温度。

④ 较好的工艺性和经济性　为了便于刀具加工制造，刀具材料要有良好的工艺性，如热轧、锻造、焊接、热处理和机械加工等性能。刀具材料的选用应立足于本国资源，注意经济效果，力求价格低廉。

应当指出，上述几项性能之间可能相互矛盾（如硬度高的刀具材料，其强度和韧性较低）。没有一种刀具材料能具备所有性能的最佳指标，而是各有所长，所以在选择刀具材料时应综合考虑。

笔记 ✏️

（2）刀具材料的种类

刀具材料可分为工具钢（包括碳素工具钢、合金工具钢）、高速工具钢、硬质合金、陶瓷材料和超硬材料（包括金刚石、立方氮化硼等）五大类。

① 工具钢　碳的质量分数为 0.65% ~ 1.3% 的优质钢是碳素工具钢，常用钢号有 T7、T8、T10A 等。这类钢工艺性能好，经适当的热处理，硬度可达 60 ~ 64HRC，有较高的耐磨性，价格低廉；最大的缺点是热硬性差。主要用于制造手用工具、低速及小进给量的机用刀具。

合金工具钢是在碳素工具钢中加入适当的合金元素［Cr（铬）、Si（硅）、W（钨）、Mn（锰）、V（钒）等］炼制而成的（合金含量不超过 3% ~ 5%），提高了韧性、耐磨性和耐热性，主要用于制造细长的或截面积大、刃形复杂的刀具，如铰刀、丝锥和板牙等。

② 高速工具钢　富含 W、Cr、Mo（钼）、V 等合金元素的高合金工具钢，生产中常称为白钢或锋钢，热处理后硬度可达 62 ~ 65HRC，在切削温度高达 500 ~ 650℃ 时，仍能保持良好的切削性能。其主要用于制造各种刀具，尤其是各种复杂刀具，如钻头、铣刀、拉刀、齿轮刀具、铰刀等。

③ 硬质合金　硬质合金是将一些难熔的、高硬度的金属碳化物微米数量级粉末与金属黏结剂按粉末冶金工艺制成的刀具材料。常用的金属碳化物有 WC、TiC、TaC、NbC 等，常用的金属黏结剂有 Co 及 Mo、Ni 等。其特点是硬度高、耐磨性好，且在 800 ~ 1000℃ 的高温下仍能保持良好的热硬性。因此，使用硬质合金车刀，可达到较大的切削用量，能显著提高生产率。但硬质合金车刀韧性差，不耐冲击，所以大都制成刀片形状，并被焊接或用机械夹固在中碳钢的刀杆体上使用。

④ 陶瓷材料　陶瓷是以氧化铝为主要成分在高温下烧结而成的，常用的有纯 Al_2O_3 陶瓷和 $TiC-Al_2O_3$ 混合陶瓷两种。陶瓷材料有很高的硬度和耐磨性以及很好的耐热性，其缺点是强度低、韧性差。故陶瓷刀具适用于钢、铸铁及塑性大的材料（紫铜）的半精加工和精加工，对于冷硬铸铁、淬硬钢等高硬度材料的加工特别有效，但不适用于机械冲击和热冲击大的加工场合。

⑤ 超硬材料　金刚石刀具有很好的耐磨性，可用于加工硬质合金、陶瓷和高铝硅合金等高硬度耐磨材料，刀具耐用度比硬质合金高几倍甚至几百倍。其主要用于磨具及磨料；用作刀具，多在高速下对有色金属及非金属材料进行精细切削。

立方氮化硼（CBN）作为一种新型超硬磨料和刀具材料，由六方氮化硼在高温、高压下加入催化剂转变而成，其硬度仅次于金刚石，耐热性却比金刚石好得多，主要用于加工钢铁等黑色金属，特别是高温合金、淬火钢和冷硬铸铁等难加工材料，具有非常广阔的发展前途。

笔记 ✎

3.2.2　常用刀具

在机械切削加工中，根据加工要求和使用的设备的不同，会使用到各种刀具。例如，车床切削过程中会使用外圆车刀、切断刀、钻头、内孔车刀、螺纹车刀等，如图 3-3 所示；铣床会使用圆柱平面铣刀、盘铣刀、立铣刀、T 形槽铣刀、燕尾槽铣刀等，如图 3-4 所示；常用的各种孔加工刀具，如麻花钻头、扩孔钻、铰刀、丝锥、锪钻等，如图 3-5 所示；钳工使用的各种錾子、锯条、锉刀、刮刀等，如图 3-6 所示。

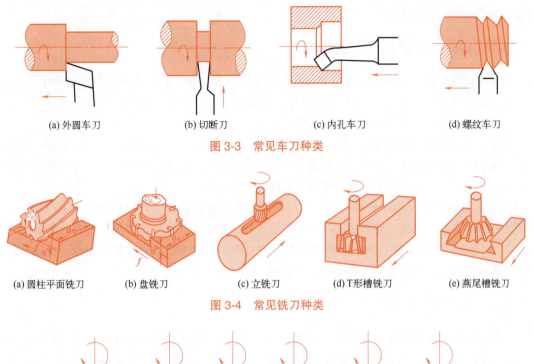

(a) 外圆车刀　　(b) 切断刀　　(c) 内孔车刀　　(d) 螺纹车刀

图 3-3　常见车刀种类

(a) 圆柱平面铣刀　　(b) 盘铣刀　　(c) 立铣刀　　(d) T形槽铣刀　　(e) 燕尾槽铣刀

图 3-4　常见铣刀种类

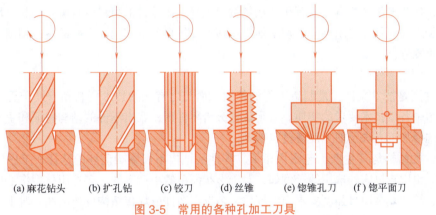

(a) 麻花钻头　　(b) 扩孔钻　　(c) 铰刀　　(d) 丝锥　　(e) 锪锥孔刀　　(f) 锪平面刀

图 3-5　常用的各种孔加工刀具

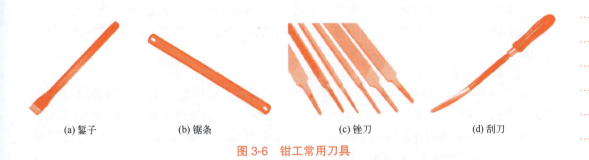

(a) 錾子　　(b) 锯条　　(c) 锉刀　　(d) 刮刀

图 3-6　钳工常用刀具

3.3　零件切削加工步骤

　　零件切削加工的步骤安排得是否合理，对零件加工质量、生产率及加工成本都有很大的直接影响。同时，工艺规程的编制过程也是一个综合解决各种技术问题的过程，许多技术问

题往往需要平行地加以考虑。　，

3.3.1　零件切削步骤安排的依据

零件切削步骤的安排是从研究零件图及技术条件开始的，首先应确定其主要加工内容，并将其划分成工序，进而选择适当的设备，并根据零件图和规定的生产数量选取合适的毛坯。制定切削步骤应具备如下主要技术资料。

① 产品零件图及有关部件图或总装图　产品零件图及与之相应的技术条件是用于规定对所制零件的要求的唯一文件，也是进行检验和验收的唯一依据，因此必须对零件图的各项技术指标认真研究，然后才能制定相应的步骤。

② 零件的数量及毛坯资料　在一定时间内要加工零件的数量直接影响组织生产的方式以及毛坯的选择。毛坯的类型对零件的生产工艺和工序以及基准的选择都有重要的影响。

③ 设备及各种设备手册　手册中所拟定的生产工艺和工序应当和现有的设备及现有的生产条件相适应，以提高工作效率和经济效益。

3.3.2　零件切削的步骤

零件的生产工艺规程是实际生产的依据，但是，因零件的材料、批量、形状、尺寸、加工精度及表面质量等要求不同，切削加工步骤的安排也不尽相同。实际的零件切削加工通常按以下步骤进行。

（1）阅读零件图

零件图是技术文件，是制造零件的依据，而与之有关的技术资料则有助于更深刻地了解零件图中各项技术要求的实质。必须认真分析零件图，找出零件的结构特征和主要技术要求，为选择加工方法及加工设备奠定基础。

零件的结构与其生产工艺密切相关。零件的结构不仅影响毛坯的选择、工序内容的安排，同时也影响机床的选用等。例如，对于形状简单的小型零件，多选用材型作毛坯，而尺寸较大、结构复杂而且强度要求高的零件，多选用锻件或焊接结构件作毛坯。对于回转体零件，其加工设备一般选用车床、铣床及镗床等。

对零件的技术要求主要包括：被加工表面的尺寸精度和形状精度及位置精度，被加工表面的表面粗糙度及零件的热处理要求等。根据零件的技术要求，可以直接选择零件的最终加工方法。

（2）选择毛坯

常用的毛坯有轧制件、铸件、锻件和焊接结构件等。选择毛坯时应注意的因素主要包括：零件的力学性能要求，零件的结构与尺寸，零件的加工数量以及现有设备的条件和技术水平等。在选择毛坯的种类和制造方法时，应考虑零件设计和加工的要求以及毛坯的制造成本，以便达到既能保证质量又能提高经济效益的目的。

（3）选择机床

根据零件被加工部位的形状和尺寸，选择合适的机床，这是既能保证加工精度和表面质量，又能提高生产率的必要条件之一。选择机床时应注意以下因素。

① 加工范围应与零件的结构尺寸相适应，如加工表面为回转面、回转体端面和螺旋面时，多选用车床加工，并根据工序的要求选择刀具、机床的加工精度。

笔记

② 加工精度应与零件的技术要求相适应，因为零件的加工精度一般主要靠机床来保证。

③ 工艺性能应与工序的性质以及零件的材质相适应。如对于粗加工，其主要任务是切除大部分余量，因此应选用较大的切削深度和进给量，可选用功率大、刚性好的机床，而机床的精度可以低一些。

同时，还应综合考虑加工方法、夹具、刀具、量具等很多问题。

（4）安装零件和刀具

零件在切削加工之前，必须牢固地安装在机床上，并使其相对机床和刀具有一个正确位置。安装是否正确，对保证零件加工质量及提高生产率都有很大的影响。零件的安装方法主要有以下两种。

① 直接安装 零件直接安装在机床工作台或通用夹具（如三爪自定心卡盘、四爪单动卡盘等）上。这种安装方法简单、方便，通常用于单件小批量生产。

② 专用夹具安装 零件安装在为其专门设计和制造的能正确迅速安装零件的装置上。用这种方法安装零件时，无需找正，而且定位精度高、夹紧迅速可靠，通常用于大批量生产。

为了完成切削加工，必须根据零件的材质及工序性质选用合适的刀具，并将刀具牢固地安装在机床上。

（5）零件切削加工

一个零件往往有多个表面需要加工，而各表面的质量要求又不相同。为了高效率、高质量、低成本地完成各零件表面的切削加工，要视零件的具体情况，合理地安排加工顺序和划分加工阶段。

① 加工阶段划分

a. 粗加工阶段。即用较大的背吃刀量和进给量、较小的切削速度进行切削。这样既可以用较少的时间切除零件上大部分加工余量，提高生产率，又可为精加工打下良好的基础，同时还能及时发现毛坯缺陷，并及时报废或予以修补。

b. 精加工阶段。因该阶段零件加工余量较小，可用较小的背吃刀量和进给量、较大的切削速度进行切削。这样加工产生的切削力较小、切削热较少，很容易达到零件的尺寸精度、形位精度和表面粗糙度要求。

划分加工阶段除有利于保证加工质量外，还能合理地使用设备。即粗加工可在功率大、精度低的机床上进行，以充分发挥设备的潜力；精加工则在高精度机床上进行，以利于长期保持设备的加工精度。但是，当毛坯质量高、加工余量小、刚性好、加工精度要求不是很高时，可不用划分加工阶段，而在一道工序中完成粗、精加工。

② 加工顺序安排 影响加工顺序的因素很多，通常考虑以下原则。

a. 基准先行原则。应在一开始就确定好加工精基准面，然后再以精基准面为基准加工其他表面。一般零件上较大的平面多作为精基准面。

b. 先粗后精原则。先粗加工，后精加工，这有利于保证加工精度和提高生产率。

c. 先主后次原则。主要表面是指零件上的工作表面、装配基准面等，它们的技术要求较高，加工工作量较大，故应先加工。次要表面（如非工作面、键槽、螺栓孔等）因加工工作量较少，对零件变形影响小，而又与主要表面有相互位置要求，所以应在主要表面加工之后或穿插在它们加工之间加工。

d. 先面后孔原则。有利于保证孔和平面间的位置精度。

笔记 ✎

（6）零件检测

经过切削加工后的零件是否符合零件图，必须通过量具测量来加以判断。零件的检测一般分为加工过程中的检测和零件完工后的检测。加工过程中的检测主要是为了通过完工后的检测，从而适当调整机床、改变切削用量，然后继续加工。完工后的检测主要是通过检测来判断零件是否合格。

3.4 零件加工的技术要求

一般来说，零件加工的质量主要由加工精度和表面粗糙度来衡量，两者对零件的使用性能都有很大的影响，其中，表面粗糙度对使用性能的影响最大。

（1）尺寸精度

尺寸精度是指零件的实际尺寸相对于理想尺寸的准确程度，其包括零件本身的尺寸和零件表面间的尺寸。尺寸精度的高低用尺寸公差来体现。尺寸公差是允许的尺寸变动量，用于尺寸偏差的控制和判断工件是否合格。

（2）形状精度和位置精度

形状精度是指零件上的线、面要素的实际形状相对于理想形状的准确程度，如直线度、平面度、圆度、圆柱度、线轮廓度等。位置精度是指零件上的点、线、面要素的实际位置相对于理想位置的准确程度，如两平面间的平行度、垂直度，两圆柱面轴线的同轴度、倾斜度等。

（3）表面粗糙度

在切削加工时，零件的表面会形成加工痕迹。由于加工方法和加工条件的不同，在工件的表面上会产生一些微小的峰谷。在已加工表面上，这些微小的峰谷的高低程度称为表面粗糙度，也称微观不平度。表面粗糙度与零件的抗磨性、抗腐蚀性、配合性和密封性有着密切的关系，其直接影响机器装配后的可靠性和使用寿命。

笔记

【学习小结】

本部门介绍了切削加工的分类、切削运动的组成、切削三要素、刀具材料、常用、刀具类型、切削加工的步骤，以及零件加工的技术要求，本部分是学习切削加工操作所应具备的基础理论知识。

【思考题】

简述切削三要素的含义，以及各要素变化对切削质量的影响。

常用量具使用方法

 思维导图

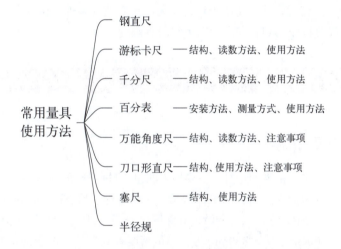

4.1 钢直尺

钢直尺是最简单的长度量具，它的长度有 150mm、300mm、500mm 和 1000mm 等多种规格。如图 4-1 所示为常用的 150mm 钢直尺。

图 4-1 钢直尺

钢直尺用于测量零件的长度尺寸，如图 4-2 所示。它的测量结果不太准确，这是由于钢直尺的刻线间距为 1mm，而刻线本身的宽度就有 0.1 ～ 0.2mm，所以测量时读数误差比较大，只能读出毫米数，即它的最小读数值为 1mm，比 1mm 小的数值只能估读。

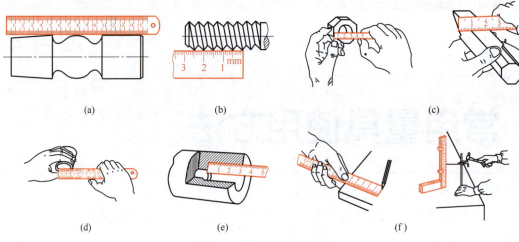

图 4-2　钢直尺的使用方法

如果用钢直尺直接测量零件的直径（轴径或孔径），则测量精度更差。其原因是除钢直尺本身的读数误差比较大以外，还由于钢直尺无法正好放在零件正确的直径位置。很难对正测量基准，钢直尺可以作为划直线的导向和线段界限的工具。

4.2　游标卡尺

4.2.1　游标卡尺的结构

　　游标卡尺是一种中等精度的量具，主要用来测量工件的外径、孔径、长度、宽度、深度、孔距等尺寸。常用的游标卡尺有普通游标卡尺、深度游标卡尺、高度游标卡尺等。普通游标卡尺的结构如图 4-3 所示，它由尺身、游标和深度尺等部分组成。常用普通游标卡尺的规格有 0～150mm、0～200mm、0～300mm 等，测量精度有 0.1mm、0.05mm、0.02mm 三种。

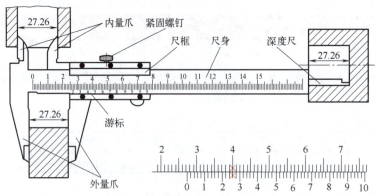

图 4-3　游标卡尺的结构

4.2.2　游标卡尺的读数方法

　　用游标卡尺测量工件时，分 3 个步骤读数，如图 4-4 所示。

50+0.7=50.7(mm)

图 4-4　游标卡尺的读数方法

① 读出整数部分，即游标零位（"0"）刻线左边尺身上最靠近的那一条刻线。

② 读出小数部分，即与尺身刻线重合的那一条游标刻线。

③ 将读出的整数部分与小数部分相加，即为测得的读数。

4.2.3　游标卡尺的使用注意事项

使用游标卡尺测量零件尺寸时，必须注意下面几点。

① 测量前应把卡尺擦干净，检查卡尺的测量面和测量刃是否平直无损，当把两个量爪紧密贴合时，应无明显的间隙，同时游标和主尺的零位刻线要相互对准，这个过程称为校对游标卡尺的零位。

② 移动尺框时，活动要自如，不应过松或过紧，更不能有晃动现象。用固定螺钉固定尺框时，卡尺的读数不应有改变。在移动尺框时，不要忘记松开固定螺钉，也不宜过松，以免掉了。

③ 当测量零件的外尺寸时，卡尺两测量面的连线应垂直于被测量表面，不能歪斜。测量时，可以轻轻摇动卡尺，放正垂直位置，如图 4-5（a）所示。若量爪在如图 4-5（b）所示的错误位置上，将使测量结果 a 比实际尺寸 b 大。先把卡尺的活动量爪张开，使量爪能自由地卡上零件，把零件贴靠在固定量爪上，然后移动尺框，用轻微的压力使活动量爪接触零件。如卡尺带有微动装置，则可拧紧微动装置上的固定螺钉，再转动调节螺母，使量爪接触零件并读取尺寸。绝不可把卡尺的两个量爪调节到接近甚至小于所测尺寸，把卡尺强行卡到零件上去。这样做会使量爪变形，或使测量面过早磨损，使卡尺失去应有的精度。

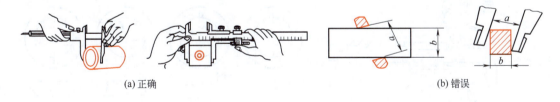

(a) 正确　　　　　　　　　　　　　　　　　　(b) 错误

图 4-5　测量外尺寸时正确与错误的位置

测量沟槽时，应当用量爪的平面测量刃进行测量，尽量避免用端部测量刃和刀口形量爪去测量外尺寸。而对于圆弧形沟槽的尺寸，则应当用刀口形量爪进行测量，不应当用平面测量刃进行测量，如图 4-6 所示。

测量沟槽宽度时，要放正游标卡尺，使卡尺两测量刃的连线垂直于沟槽，不能歪斜。若量爪在如图 4-7 所示的错误位置上，将使测量结果不准确（可能大，也可能小）。

笔记

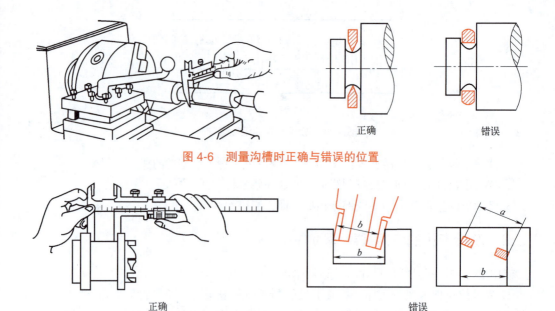

图 4-6　测量沟槽时正确与错误的位置

图 4-7　测量沟槽宽度时正确与错误的位置

④ 当测量零件的内尺寸时，要使量爪分开的距离小于所测内尺寸，进入零件内孔后，再慢慢张开并轻轻接触零件内表面，用固定螺钉固定尺框后，轻轻取出卡尺来读数，如图 4-8 所示。取出量爪时，用力要均匀，并使卡尺沿着孔的中心线方向滑出，不可歪斜，否则会使量爪扭伤、变形和受到不必要的磨损，同时会使尺框走动，影响测量精度。

⑤ 卡尺两测量刃应在孔的直径上，不能偏歪。如图 4-9 所示为带有刀口形量爪和带有圆柱面量爪的游标卡尺在测量内孔时的正确和错误位置。当量爪在错误位置时，其测量结果将比实际孔径 D 小。

笔记

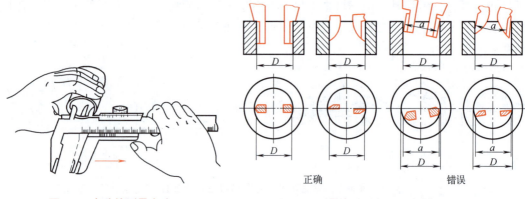

图 4-8　内孔的测量方法　　　图 4-9　测量内孔时的正确与错误位置

⑥ 用游标卡尺测量零件时，不允许过分地施加压力，所用压力应使两个量爪刚好接触零件表面。如果测量压力过大，不但会使量爪弯曲或磨损，而且量爪在压力作用下会产生弹性变形，使测量的尺寸不准确（外尺寸小于实际尺寸，内尺寸大于实际尺寸）。

在游标卡尺上读数时，应水平拿着卡尺，使人的视线尽可能和卡尺的刻线表面垂直，以免由于视线的歪斜造成读数误差。

⑦ 为了获得正确的测量结果，可以多测量几次。可在零件同一截面上的不同方向进行测量。对于较长的零件，则应当在全长的各个部位进行测量，务必获得比较正确的测量结果。

4.3 千分尺

4.3.1 千分尺的结构

千分尺是一种精密量具，测量精度比游标卡尺高，而且较灵敏。千分尺的规格按测量范围可分为 0 ~ 25mm、25 ~ 50mm、50 ~ 75mm、75 ~ 100mm、100 ~ 125mm 等，使用时按被测工件的尺寸选取。千分尺的测量精度为 0.01mm。千分尺按用途可分为外径千分尺、内径千分尺、深度千分尺等几种，图 4-10 所示为外径千分尺的结构。

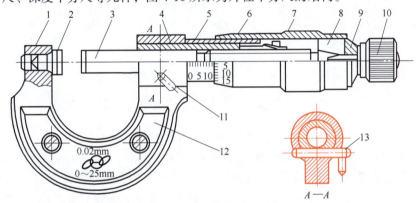

图 4-10 外径千分尺的结构

1—尺架；2—测砧；3—测微螺杆；4—螺纹轴套；5—固定套筒；6—微分筒；7—调节螺母；8—接头；9—垫片；
10—测力装置（棘轮）；11—锁紧机构；12—绝热片；13—锁紧轴

4.3.2 千分尺的读数方法

千分尺的固定套筒上每一格为 0.5mm，而微分筒上每一格为 0.01mm，千分尺的具体读数方法可分为如下 3 个步骤。

① 读出固定套筒上露出刻线的毫米及半毫米数。

② 看微分筒上哪一格与固定套管上基准线对齐，读出固定套筒上的数值并读出微分筒上不足半毫米的小数部分。

③ 将两个读数相加，即为测得的实际尺寸。

如图 4-11 所示为千分尺的读数方法。

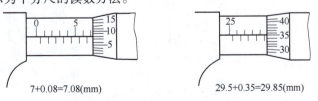

7+0.08=7.08(mm)　　　　29.5+0.35=29.85(mm)

图 4-11 千分尺的读数方法

笔记 ✏

4.3.3　千分尺的使用注意事项

① 测量前应检查零位的准确性。

② 转动测力装置时，微分筒应能自由灵活地沿着固定套筒活动，没有任何卡顿和不灵活的现象。

③ 测量时，千分尺的测量面和零件的被测量表面应擦拭干净，以保证测量正确。

④ 千分尺可单手或双手握持对零件进行测量，如图 4-12 所示。单手测量时，旋转力要适当，控制好测量力。双手测量时，先转动微分筒，当测量面刚接触工件表面时，再改用棘轮。

(a) 单手测量　　　　　　　　　　　　(b) 双手测量

图 4-12　千分尺的使用方法

⑤ 使用千分尺测量零件时，要使测微螺杆的方向与零件被测量的尺寸方向一致。如测量外径时，测微螺杆要与零件的轴线垂直，不要歪斜。测量时，可在旋转测力装置的同时，轻轻地晃动尺架，使测砧面与零件表面接触良好。用千分尺测量零件时，最好在零件上进行读数，放松后取出千分尺，这样可减少测砧面的磨损。如果必须取下读数时，用锁紧机构锁紧测微螺杆后，再轻轻滑出零件。不要把千分尺当卡规使用，以防测砧面过早磨损，甚至使测微螺杆或尺架发生变形，从而失去精度。

⑥ 测量平面尺寸时，一般测量零件的四角和中间五点，狭长平面测两头和中间三点，如图 4-13 所示。

⑦ 使用千分尺时，不可与工具、刀具、零件等混放。

⑧ 千分尺使用完后，应擦拭干净，在测量面涂上防锈油，放入盒内保存。

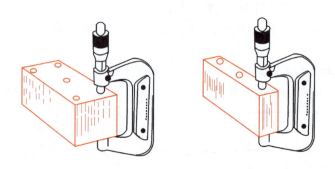

图 4-13　千分尺的正确测量位置

⑨ 对于超常温的零件，不要进行测量，避免产生读数误差。千分尺应定期送计量部门进行精度鉴定。

4.4 百分表

常用的百分表有钟面式和杠杆式两种。钟面式百分表表面上一格的分度值为0.01mm，常见的测量范围为0～3mm、0～5mm和0～10mm。测量时，测量头移动的距离等于小指针的读数加大指针的读数。

4.4.1 百分表的安装方法

① 在磁性表座上安装百分表，如图4-14（a）所示。
② 在游标高度尺上安装百分表，如图4-14（b）所示。
③ 在专用表座上安装百分表，如图4-14（c）所示。

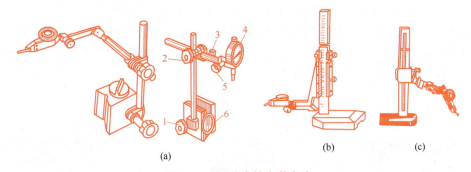

(a) (b) (c)

图 4-14　百分表的安装方法

1，2—捏手螺母；3，5—滚花螺母；4—百分表；6—开关

4.4.2 百分表的测量方式

① 调整百分表的零位，如图4-15所示。
② 测量轴的径向圆跳动量，如图4-16所示。
③ 测量零件径向和端面圆跳动量，如图4-17所示。
④ 测量零件的等高尺寸，如图4-18所示。
⑤ 测量零件的反向平面，如图4-19所示。

图 4-15　调整百分表的零位

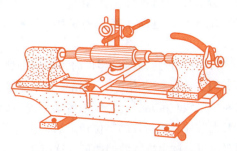

图 4-16　测量轴的径向圆跳动量

笔记 ✏

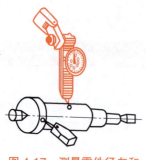

图 4-17 测量零件径向和
端面圆跳动量

图 4-18 测量零件的
等高尺寸

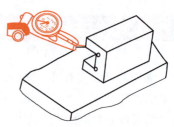

图 4-19 测量零件的反向平面

4.4.3 百分表的使用注意事项

① 使用前，应检查测量杆的灵活性。即轻轻推动测量杆时，测量杆在套筒内的移动要灵活，没有任何卡滞现象，且每次放松后，指针能回复到原来的刻度位置。

② 使用百分表时，必须把它固定在可靠的夹持架上，如图 4-20 所示。夹持架要安放平稳，以免使测量结果不准确或摔坏百分表。用夹持百分表的套筒来固定百分表时，夹紧力不要过大，以免因套筒变形而使测量杆活动不灵活。

笔记 ✎

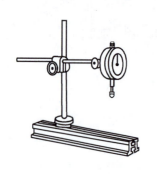 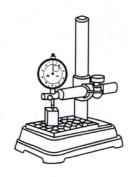 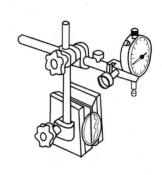

图 4-20 安装在专用夹持架上的百分表

③ 用百分表测量零件时，测量杆必须垂直于被测量表面，即使测量杆的轴线与被测量尺寸的方向一致，否则将使测量杆活动不灵活或使测量结果不准确。

④ 测量时，不要使测量杆的行程超过它的测量范围，不要使测量头突然撞在零件上；不要使百分表受到剧烈的振动和撞击，也不要把零件强行推入测量头下，以免损坏百分表和千分表的机件，进而使其失去精度；不得用百分表测量表面粗糙或有显著凹凸不平的零件。

⑤ 用百分表校正或测量零件时，应当使测量杆有一定的初始测力。即在测量头与零件表面接触时，测量杆应有 0.3～1mm 的压缩量，使指针转过半圈左右，然后转动表圈，使表盘的零位刻线对准指针。轻轻地拉动手提测量杆的圆头，拉起和放松几次，检查指针所指的零位有无改变。当指针的零位稳定后，再开始测量或校正零件。如果是校正零件，改变零件的相对位置，读出指针的偏摆值，这就是零件安装的偏差数值。

4.5 万能角度尺

4.5.1 万能角度尺的结构

　　万能角度尺也称万能量角器，它是用来测量零件内外角度的量具。万能角度尺按游标的测量精度分为 2′ 和 5′ 两种，其测量范围为 0°～320°，钳工常用的是测量精度为 2′ 的万能角度尺。其结构如图 4-21 所示。

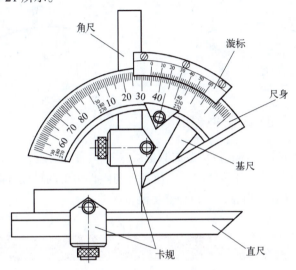

图 4-21　万能角度尺的结构

　　万能角度尺的测量范围如图 4-22 所示，通过角尺和直尺的移动可测量 0°～320° 的任何角度。

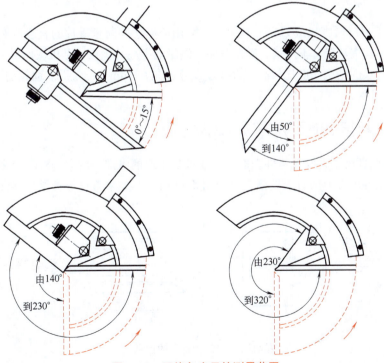

图 4-22　万能角度尺的测量范围

4.5.2　万能角度尺的读数方法

万能角度尺的读数方法与游标卡尺相似，如图 4-23 所示。先从尺身上读出游标零位刻线前的整度数，再从游标上读出"分"数，两者相加就是被测的角度数值。

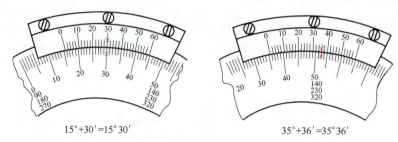

$15°+30'=15°30'$　　　　　　　$35°+36'=35°36'$

图 4-23　万能角度尺的读数方法

4.5.3　万能角度尺的使用注意事项

① 测量前应把卡尺擦干净，以免造成测量误差。

② 用万能角度尺测量零件角度时，应使基尺与零件角度的母线方向一致，且零件应与角尺的两个测量面的全长接触良好，以免产生测量误差。

4.6　刀口形直尺

4.6.1　刀口形直尺的结构

通常利用刀口形直尺或刀口形直角尺，采用透光法来测量零件的直线度和平面度，其具有结构简单、重量轻、不生锈、操作方便、测量效率高等优点，是机械加工常用的测量工具。刀口形直尺的精度一般比较高，直线度误差控制在 1μm，测量面表面粗糙度 Ra 的精度为 0.025mm。

4.6.2　刀口形直尺的使用方法及注意事项

① 刀口形直尺垂直放在零件表面，并在被加工面的纵向、横向、对角等多处逐一进行检查，以确定各个方向的直线度误差，如图 4-24 所示。如果刀口形直尺与零件平面间透光

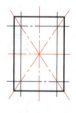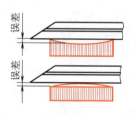

图 4-24　刀口形直尺的使用方法

微弱而均匀，则说明该方向是直的；如果透光强弱不一，则说明该方向不直。当确定平面度误差时，可以用塞尺做塞入检查。对于中凹平面，其平面度误差可取各检查部位中的最大直线度误差值计算；对于中凸平面，则应在两边以同样厚度的塞尺做塞入检查，其平面度误差可取各检查部位中的最大直线度误差值计算。

② 刀口形直尺在被检查平面上改变位置时，不能在平面上拖动，应该提起后再轻放到另一个检查位置，否则会使刀口形直尺的测量棱边磨损而降低其精度。

4.7　塞尺

4.7.1　塞尺的结构

塞尺又称测隙规或厚薄规，用于测量两结合面的间隙，其测量精度可以达到 0.02mm。塞尺一般由许多不同厚度的金属薄片组成，每个薄片都有两个相互平行的测量面，并有厚度值标记，以方便使用，如图 4-25 所示。塞尺的用途非常广泛，例如用塞尺检验机床紧固面、活塞与气缸、活塞环槽和活塞环、十字头滑板和导板、齿轮啮合等的间隙。塞尺与平尺、量块等配合使用，还可以检测某些导轨、工作台或平台的直线度和平面度。

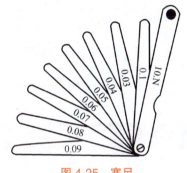

图 4-25　塞尺

按照塞尺的组别制成一把一把的塞尺，每把塞尺中的每片均有两个平行的测量平面，且都有厚度标记，以供组合使用。

4.7.2　塞尺的使用方法及注意事项

塞尺是用来检验两个结合面的间隙的片状量规，使用时应根据被测间隙的大小，用一片或数片重叠在一起做塞入检查。例如，0.03mm 的一片能插入间隙，而 0.04mm 的一片不能插入间隙，这说明间隙在 0.03 ～ 0.04mm，所以塞尺也是一种界限量规。

如图 4-26 所示为用塞尺检验车床尾座紧固面的间隙。

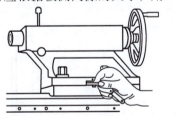

图 4-26　用塞尺检验车床
尾座紧固面的间隙

使用塞尺时必须注意下列几点。

① 使用前必须先清除塞尺和零件上的污垢。

② 操作时必须戴手套，防止生锈。

③ 根据结合面的间隙情况选用塞片，但片数越少越好。

④ 测量时应注意，塞尺的塞片很薄，容易弯曲或折断，所以测量时不能用力过大。

⑤ 不能测量温度较高的零件。

⑥ 测量结束后应将塞尺擦拭干净，及时合到夹板中。

笔记 ✎

4.8　半径规

半径规也叫 R 规或半径样板，如图 4-27 所示。半径规是利用透光法测量圆弧（凸弧和凹弧）半径的工具。测量时必须使半径规的测量面与零件的圆弧完全紧密地接触，当测量面与零件的圆弧中间没有间隙时，工件的圆弧度数则为此时 R 规上所表示的数字。在进行圆弧锉削加工时，半径规可作为锉削加工的样板。其测量方法和刀口形直尺相似，利用透光法进行测量，由于是目测，故准确度不是很高，只能做定性测量。

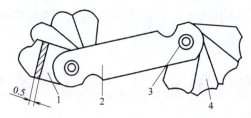

图 4-27　半径规

1—凸形样板；2—保护板；3—螺钉或铆钉；4—凹形样板

半径规的规格见表 4-1。

表 4-1　半径规的规格　　　　　　　　　　　　　　mm

样板组检验半径范围	半径尺寸
1～6.5	1、1.25、1.5、1.75、2、2.25、2.5、2.75、3、3.5、4、4.5、5、5.5、6、6.5
7～14.5	7、7.5、8、8.5、9、9.5、10、10.5、11、11.5、12、12.5、13、13.5、14、14.5
15～25	15、15.5、16、16.5、17、17.5、18、18.5、19、19.5、20、21、22、23、24、25

4.9　90°角尺

4.9.1　90°角尺的结构

90°角尺有刀口形直角尺和宽座角尺两种，如图 4-28 所示。90°角尺用于精确地检验零件、部件的垂直度误差。其中，刀口形直角尺有时还可以代替刀口形直尺测量零部件的直线度、平面度，使用方法和刀口形直尺一样。宽座角尺还可以在对零件划垂直线时使用。

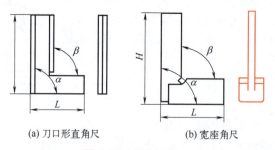

(a) 刀口形直角尺　　　　(b) 宽座角尺

图 4-28　90°角尺

4.9.2　90°角尺的使用方法及注意事项

当用 90°角尺检验零件、部件的垂直度误差时，一定要注意以下几点。

① 对于刀口形直角尺，平面的一边为基准面，刀口一边为测量面；对于宽座角尺，宽

座的一边为基准边，另外一边为测量边。

② 用 90° 角尺检查零件垂直度前，应先用锉刀将工件的锐边倒棱。

③ 先将 90° 角尺测量面紧贴零件基准面，然后逐步轻轻向下移动，使 90° 角尺的测量面与零件的被测表面接触，如图 4-29（a）所示。眼睛平视观察透光情况，以此来判断零件被测表面与基准面是否垂直。检查时，90° 角尺不可斜放，如图 4-29（b）所示。

④ 在同一平面上改变不同的检查位置时，90° 角尺不可在工件表面上拖动，应该提起后再轻放到另一个检查位置，以免磨损 90° 角尺，进而影响 90° 角尺本身的精度。

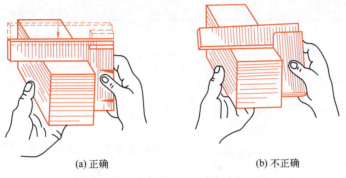

(a) 正确　　　　　　　　　　(b) 不正确

图 4-29　90° 角尺检查工件垂直度

 【学习小结】

本部分讲解了金工实习中常用量具的使用方法，目的是让学生在金工实习中能合理选择和正确使用量具，能对所加工零件进行测量，以保证零件的加工精度。

【思考题】

通过本章的学习，请思考应该如何保护好各种量具。

笔记 ✐

车削

思维导图

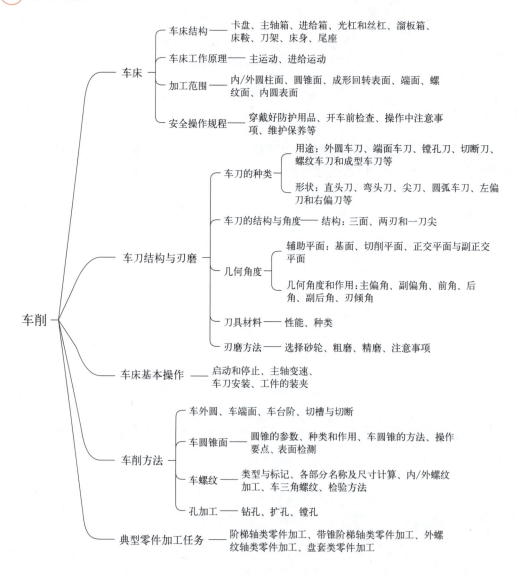

车削工艺是在车床上利用工件的旋转运动和车刀的直线（或曲线）运动来改变毛坯的尺寸、形状，使之成为合格工件的一种金属切削方法。

5.1 车床

5.1.1 车床结构

车床是主要用车刀对旋转的工件进行车削加工的机床。下面以 CA6140 型普通卧式车床为例介绍普通车床的组成，如图 5-1 所示。

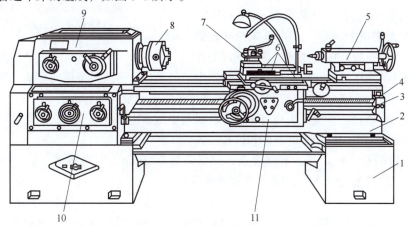

图 5-1　CA6140 型普通卧式车床

1—床腿；2—床身；3—光杠；4—丝杠；5—尾座；6—床鞍；7—刀架；8—卡盘；
9—主轴箱；10—进给箱；11—溜板箱

（1）卡盘

卡盘是车床装夹工件的主要夹具之一。常用的卡盘有三爪自定心卡盘和四爪单动卡盘。卡盘安装在主轴前端。

（2）主轴箱

主轴是一个带莫氏锥孔的空心轴，装在主轴箱内。主轴箱安装在床身的左上端，又称床头箱。主轴箱是变速、变向机构。主轴箱正面有几个手柄，用来调整主轴所需的转速。电动机经 V 带传动后，由变速机构带动主轴旋转，实现主运动，并获得所需转速及转向。主轴箱还把运动经挂轮箱内的 3 个挂轮传递给进给箱，以便使刀具实现进给运动。

（3）进给箱

进给箱内装有进给运动的变速机构。通过调整进给箱外面各种手柄的位置，可获得所需要的各种进给量或导程，并将运动经光杠或丝杠传递到溜板箱，最终通过溜板箱带动刀具实现直线进给运动。

（4）光杠和丝杠

光杠和丝杠的作用是将进给箱中的运动传递给溜板箱。车外圆、车端面等自动进给时，用光杠传动使刀具做进给运动。丝杠则用于车削螺纹。

（5）溜板箱

溜板箱内装有进给运动的分向机构。溜板箱的作用是将进给箱传来的运动传递给刀架，它将光杠传来的旋转运动变为车刀的纵向或横向直线移动，将丝杠传来的旋转运动通过"开合螺母"直接变为车刀的纵向移动，用以车削螺纹。溜板箱上装有手柄和按钮，可以方便地操作机床。

（6）床鞍

床鞍位于床身的中部，其上装有大拖板、中拖板、小拖板和刀架。车床拖板与刀架如图5-2所示。

大拖板直接放在床身导轨上，转动大拖板手轮可使溜板箱联动各拖板和刀架沿导轨做纵向移动。大拖板手轮侧有一刻度盘，每格为1.00mm，每转动一格，刀具沿工件轴向移动1.00mm。在大拖板上面有一垂直于床身导轨的燕尾导轨，即中拖板。在右侧燕尾导轨端面的螺

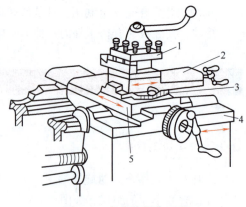

图5-2　车床拖板与刀架

1—刀架；2—小拖板；3—转盘；4—大拖板；
5—中拖板

钉可调节楔铁与燕尾导轨间的配合间隙。转动中拖板手柄，可使刀架横向移动，中拖板手柄上的刻度盘每格为0.05mm，每转动一格，工件直径的变动量为0.10mm。

中拖板上有转盘，转盘上面也有刻度。转盘与中拖板由螺栓连接，松开螺母可调整小拖板与中拖板间的位置，以便车削锥体和锥孔。

小拖板后端有手柄，其上有刻度盘，刻度值为0.05mm，即每转动一格，小拖板移动0.05mm。小拖板上面是刀架，用来装夹和切换刀具。

（7）刀架

刀架是用来装夹和切换刀具的，它可带动刀具做纵向、横向或斜向进给运动。刀架安装在小拖板上，如图5-2所示。

（8）床身

笔记

床身是车床的基础零件，用以连接各主要部件，并保证部件之间有正确的相对位置。床身的上面有内、外两组平行的导轨。外侧的导轨用于床鞍的运动导向和定位，内侧的导轨用于尾座的运动导向和定位。床身的左、右两端分别支撑在左、右床腿上，左床腿内安放润滑油箱和电动机，右床腿内安放电动机和切削液泵，切削液泵将切削液经喷头喷淋在工件和刀具上。

（9）尾座

尾座安装在床身的尾座导轨上，其上的套筒可安装顶尖或各种孔加工刀具，用来支承工件或对工件进行孔加工。摇动尾座后侧的手轮可使套筒移动，以实现刀具的纵向进给。尾座可沿床身顶面的一组导轨做纵向调整移动，然后夹紧在所需的位置上，以适应不同长度的工件的需要。尾座还可以相对其底座沿横向调整位置，以车削较长且锥度较小的外圆锥面，如图5-3所示。

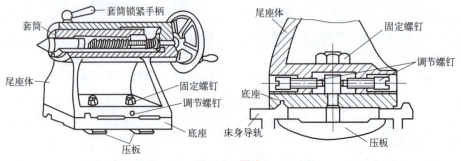

图5-3　尾座

5.1.2 车床工作原理

车床是靠装在刀架上的车刀做进给运动切削夹在车床卡盘上做旋转运动（主运动）的毛坯来完成工件加工的，如图5-4所示。

CA6140型车床的传动路线框图如图5-5所示，其传动系统由主运动传动系统和进给运动传动系统两部分组成。

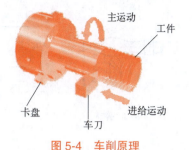

图 5-4　车削原理

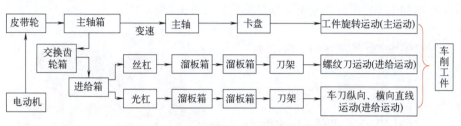

图 5-5　CA6140 型车床的传动路线框图

① 主运动系统　车床的电动机输出动力，通过带传动将动力传入主轴箱，经过主轴箱内齿轮啮合变速机构变速使主轴得到不同的转速，装在主轴前端的卡盘夹住工件做旋转运动。

② 进给运动系统　刀具相对于工件的移动。主轴箱内的动力通过交换齿轮箱传到进给箱，再通过光杠或丝杠传入溜板箱，带动刀架移动，实现刀具与工件的相对运行，达到刀具自动进给或加工螺纹的目的。

5.1.3 车床的加工范围

车削工艺主要用于加工各种回转表面，如外圆柱面、圆锥面、成形回转表面及端面等，还能加工螺纹面，若使用孔加工刀具（如钻头、铰刀等），还可加工内圆表面，其加工范围如图5-6所示。

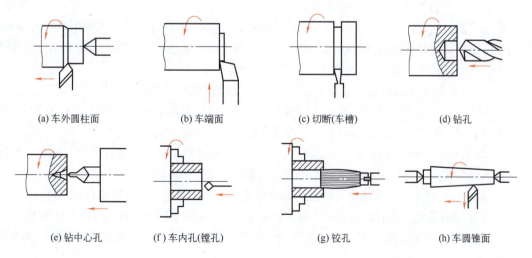

图 5-6

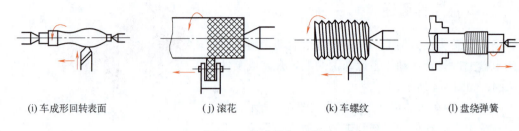

(i) 车成形回转表面　　　　　(j) 滚花　　　　　(k) 车螺纹　　　　　(l) 盘绕弹簧

图 5-6　车床的加工范围

常见车削加工零件可分为轴类、盘套类等，如图 5-7 所示。

(a) 轴类零件　　　　　　　　　　(b) 盘套类零件

图 5-7　常见车削加工零件

5.1.4　车床安全操作规程

安全为了生产，生产必须安全。在进行车床操作之前，必须牢固树立安全意识、掌握安全知识，这样才能杜绝安全隐患，防止人身事故，确保生产安全。

首先，要做好自身防护。

① 工作前应穿戴好防护用品，扎好袖口，不准戴围巾、手套，不准穿拖鞋和凉鞋。

② 女工应戴工作帽，头发或辫子应塞入帽内。

③ 戴防护眼镜，注意头部与工件保持安全距离，不能靠得太近。

其次，严格遵守车床安全操作规程。

① 开车前，应检查车床各部分机构是否完好，各传动手柄、变速手柄位置是否正确，防止开车时因突然撞击而损坏机床。启动后，应使主轴低速空转 1～2min，使润滑油散布到需要之处（冬天更为重要），等车床运转正常后才能工作。

② 装夹工件和车刀要在停机状态下进行。工件和车刀必须装夹牢靠，防止飞出伤人。装夹车刀时，刀头伸出部分不要超出刀体厚度的 1.5 倍，刀体下垫片的形状、尺寸应与刀体的形状、尺寸相符，尽可能少而平。工件装夹好后，必须随手取下卡盘扳手。

③ 工作中需要变速时，必须先停车。改变进给箱手柄位置时，要在低速下进行。使用电器开关的车床，不准用正、反车代替紧急停车，以免打坏齿轮。

④ 不允许在卡盘上及床身导轨上敲击或校直工件，床面上不准放置工具或工件。

⑤ 装夹较重的工件时，应该用木板保护床面，下工时如不卸下工件，应用千斤顶支承。

⑥ 车刀磨损后，要及时刃磨。如用磨钝的车刀继续切削，则会增加车床负荷，甚至损坏机床。

⑦ 使用冷却液时，要在车床导轨上涂上润滑油。冷却泵中的冷却液应定期调换。

⑧ 下工前，应清除车床上及车床周围的切屑及冷却液，擦净后按规定在加油部位加上润滑油。

⑨ 下工后将大拖板摇至床尾一端，各转动手柄放到空挡位置，关闭电源。

最后，要养成文明生产的习惯。

文明生产是生产管理中一项十分重要的内容，它直接影响产品的质量，影响设备和工、夹、量具的使用寿命，以及影响操作人员技能的发挥。所以，在学习基本操作技能时，就要重视培养文明生产的良好习惯。

① 合理布置物件的位置，注意工具、夹具、量具、图样要合理放置，工作时所使用的工、夹、量具以及工件，应尽可能集中在操作者的周围。布置物件时，右手拿的放在右面，左手拿的放在左边；常用的放得近些，不常用的放得远些。物件放置应有固定的位置，使用后要放回原处。

② 工具箱中工具的布置要分类，并保持清洁、整齐。要求小心使用的物件要放置稳妥，重的放下面，轻的放上面。

③ 图样、操作卡应放在便于阅读的地方，并注意保持其清洁和完整。

④ 毛坯、半成品和成品应分开放，并按一定顺序整齐排列，以便安放或拿取。

⑤ 工作位置周围应保持整齐、清洁。

⑥ 爱护量具，保持其清洁，用后擦净、涂油，放入盒内，并及时归还工具室。

⑦ 车床日常维护的内容主要是清洗和润滑。每天下工后应清理机床上的切屑、切削液及杂物，清理干净后加注润滑油。

5.2 车刀结构与刃磨

5.2.1 车刀的种类

车刀的种类很多，按用途不同，可分为外圆车刀、端面车刀、镗孔刀、切断刀、螺纹车刀和成形车刀等。按其形状不同，可分为直头刀、弯头刀、尖刀、圆弧车刀、左偏刀和右偏刀等。常用车刀的形式如图 5-8 所示。

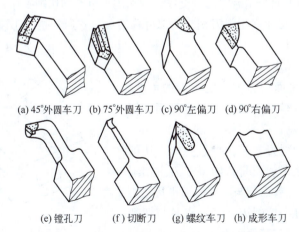

(a) 45°外圆车刀　(b) 75°外圆车刀　(c) 90°左偏刀　(d) 90°右偏刀

(e) 镗孔刀　　(f) 切断刀　　(g) 螺纹车刀　(h) 成形车刀

图 5-8　常用车刀的形式

车刀按其结构不同，又可分为整体式、焊接式、机夹式和可转位式，如图 5-9 所示。

(a) 整体式

(b) 焊接式　　　　(c) 机夹式　　　　(d) 可转位式

图 5-9　车刀的结构类型

5.2.2　车刀的结构与角度

（1）车刀的结构

车刀由刀头和刀柄组成，如图 5-10 所示。刀头用来切削，故又称切削部分，刀柄是用来将车刀夹固在刀架或刀座上的部分。车刀可用高速钢制成，也可在碳素结构钢的刀柄上焊上硬质合金刀片。

车刀的切削部分一般由三面、两刃和一尖组成。

① 三面

a. 前刀面。切削时，切屑流出的表面。

b. 主后刀面。切削时，刀具与工件待加工表面相对的表面，通常也称后面。

c. 副后刀面。切削时，刀具与工件已加工表面相对的表面。

图 5-10　车刀的组成

② 两刃

a. 主切削刃。前刀面与主后刀面的交线，主切削刃承担着主要的切削任务。

b. 副切削刃。前刀面与副后刀面的交线，副切削刃也参加切削工作。

③ 一尖　主切削刃和副切削刃相交的部分称刀尖，它通常是一小段过渡圆弧，也常做成一段小的直线过渡刃。

（2）车刀的几何角度

① 车刀的辅助平面　为了确定车刀的角度，需要建立辅助平面。车刀的辅助平面为基面、切削平面、正交平面与副正交平面，如图 5-11 所示。

基面是通过主切削刃上某一点且与该点切削速度垂直的平面。就车削而言，如果车刀主切削刃与工件中心线等高，基面就与车刀底面平行。

切削平面是通过主切削刃上某一点且与切削的表面相切的平面，它与基面垂直。

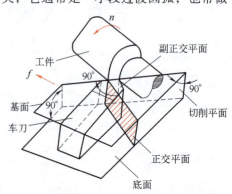

图 5-11　车刀的辅助平面

笔记

正交平面是通过主切削刃上某一点且与主切削刃在基面上的投影相垂直的平面。

副正交平面是通过副切削刃上某一点且垂直于基面和切削平面的平面。

在 4 个辅助平面上，车刀可以形成 6 个角度。

② 车刀的几何角度和作用 车刀的几何角度分为工作角度和标注角度。工作角度是刀具工作状态的角度，它的大小与刀具的安装位置及切削运动有关。标注角度一般是在 3 个互相垂直的平面内确定的，它是刀具制造、刃磨和测量所要控制的角度。

车刀的主要角度如图 5-12 所示，基面上有主偏角 κ_r 和副偏角 κ_r'，正交平面上有前角 γ_0 和后角 α_0，副正交平面上有副后角 α_0'，切削平面上有刃倾角 λ_s。

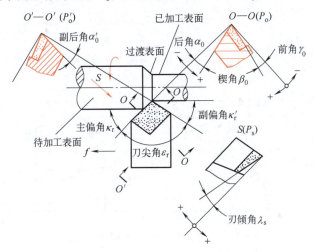

图 5-12 车刀的主要角度

前角（γ_0）：前角是在正交平面中测量的前刀面与基面的夹角。前刀面与基面平行时，$\gamma_0=0$；前刀面与切削平面之间的夹角小于 90° 时，$\gamma_0>0$；前刀面与切削平面之间的夹角大于 90° 时，$\gamma_0<0$。前角越大，刀具越锋利，但刀具强度越差。当工件材料较硬时，γ_0 取较小值；铜铝及合金的加工和精加工时，γ_0 取较大值；一般强度的钢加工时，γ_0 取较大值。

后角（α_0）：后角是在正交平面中测量的主后刀面与切削平面的夹角。主后刀面与切削平面重合时，$\alpha_0=0$；主后刀面与基面之间的夹角小于 90° 时，$\alpha_0>0$；前刀面与基面之间的夹角大于 90° 时，$\alpha_0<0$。后角越大，刀具与工件之间的摩擦力越小，但刀具强度也越差。粗加工时，选较小的后角（$\alpha_0=6°\sim 8°$）；精加工时，选较大后角（$\alpha_0=8°\sim 12°$）。

副后角（α_0'）：副后角是在副正交平面中测量的副后刀面与副切削平面的夹角。副后角影响刀面与已加工表面之间的摩擦力和刀具强度。

刃倾角（λ_s）：刃倾角是在切削平面内测量的主切削刃与基面之间的夹角，它主要影响切屑的流向和刀头的强度。刃倾角为正值时（刀尖位置最高），切屑向远离加工表面的方向流动；刃倾角为负值时，切屑向加工表面流动，受到该表面的阻碍而形成发条状的切屑。刃倾角对排屑方向的影响如图 5-13 所示。

主偏角（κ_r）：主偏角是基面内测量的主切削刃在基面上的投影与进给运动方向的夹角。主偏角的大小对切削有以下影响：影响刀具的强度与寿命；影响加工表面的表面粗糙度；影响切削力的分配；影响断屑效果。主偏角一般为正值，由车刀类型决定，常用的有 45°、60°、75° 与 90° 等。主偏角对切削宽度和厚度的影响如图 5-14 所示，主偏角对径向力的影响如图 5-15 所示。

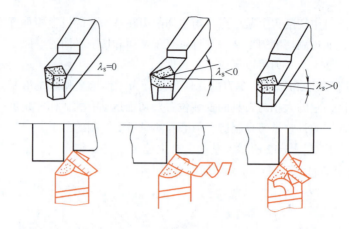

图 5-13　刃倾角对排屑方向的影响

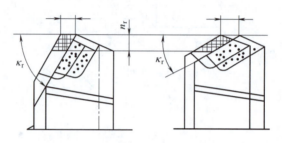

图 5-14　主偏角对切削宽度和厚度的影响

笔记 ✎

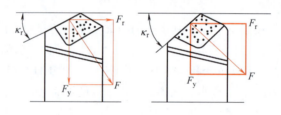

图 5-15　主偏角对径向力的影响

副偏角（κ_r'）：副偏角是基面内测量的副切削刃在基面上的投影与进给运动反方向的夹角，它主要影响加工表面的表面粗糙度和刀具的强度。副偏角小，则刀具的强度高，但会增加副后刀面与已加工表面之间的摩擦力。选用合适的过渡刃尺寸，能改善上述不利因素，起到粗加工时提高刀具强度、延长刀具耐用度，精加工时减小表面粗糙度的作用，一般选 $\kappa_r'=5°\sim 15°$。

5.2.3　刀具材料

在切削过程中，刀具切削部分在具有强烈摩擦、高压和高温的恶劣条件下工作，同时还要承受冲击和振动，因此刀具切削部分的材料应具备良好的基本性能。

近代刀具材料从碳素工具钢、高速钢发展到目前的硬质合金、陶瓷材料和超硬材料，使切削速度从每分钟几米跃升至千米水平。要实现高效合理的切削，必须有与之相适应的刀具材料，在影响金属切削工艺发展的诸多因素中，刀具材料起着决定性的作用。

（1）刀具材料应具备的性能

① 高的硬度　刀具材料的硬度必须高于工件材料的硬度。刀具材料的常温硬度一般要求在 60HRC 以上。

② 高的耐磨性　耐磨性表示刀具抵抗磨损的能力。一般刀具材料的硬度越高，耐磨性就越好。

③ 足够的强度和韧性　刀具应有足够的强度和韧性，以便承受切削力、冲击和振动，而不至于产生崩刃和折断。

④ 高的热硬性（红硬性）　热硬性是指刀具材料在高温下保持硬度、耐磨性、强度和韧性的能力。

⑤ 良好的工艺性能　良好的工艺性能是指刀具材料应具有良好的锻造性能、热处理性能、焊接性能和磨削加工性能等。

此外，刀具材料还应具有良好的热物理性能、稳定的化学性能，经济性也应成为刀具材料的重要指标。

（2）刀具材料的种类

目前，金属切削工艺应用的刀具材料中，碳素工具钢已基本被淘汰，合金工具钢也已很少见。随着数控加工的普及应用以及机夹可转位刀具的广泛应用，刀具材料在各国发展非常迅速，除常用的高速钢和硬质合金外，涂层刀具材料、新型高速钢和硬质合金以及各种新型超硬刀具材料（如陶瓷材料、金属陶瓷、立方氮化硼和金刚石等）不断出现，并且在汽车业、航天业、国防军工和机器制造业等领域日益得到广泛的应用，因而使生产率和刀具寿命大幅度提高，并满足了现代机械制造高精度、高速度的要求。

① 高速钢　高速钢是含钨（W）、钼（Mo）、铬（Cr）、钒（V）和钴（Co）等元素的高合金工具钢，硬度在 60HRC 以上，耐热温度 600℃。高速钢具有较好的韧性、良好的抗弯强度和冲击韧性，可以承受冲击载荷，化学稳定性、制造工艺性及刃磨性较好，刀具刃口锋利，切削性能好，适于制作各种刀具，特别是形状复杂的刀具。但高速钢的红硬性不如硬质合金好，一般应用于数控加工中的低速切削。但是近年来，一些数控刀具材料生产厂家研制了一些新型高速钢，提高了其耐磨、耐热性能，也可以用来进行中速切削和对不锈钢等难加工材料的加工。

② 硬质合金　硬质合金是采用高硬度的金属碳化物（WC、TiC、NbC 等）与金属黏结剂（Co、Ni）通过粉末冶金的方法制造的烧结体，它具有较高的硬度（可达 89～94HRA）、良好的耐磨性和耐热性（热硬性），耐热温度 800～1000℃，质脆。由于其硬度高、热硬性好、耐磨性好，允许采用较大的切削用量，适用于数控加工中的中速和高速切削，所以用于制作各种高速切削刀具，是应用最为广泛的刀具材料。

5.2.4　车刀的刃磨方法

（1）选择砂轮

刃磨高速钢车刀时，宜采用 46#～60# 粒度、中软～中硬的氧化铝（刚玉）砂轮。刃磨硬质合金车刀时，宜采用粒度为 60#～80#、中软～中硬的绿色碳化硅砂轮。粗磨时，采用小粒度号的砂轮；精磨时，采用较大粒度号的砂轮。

（2）车刀的刃磨方法

以粗车钢件的 90°硬质合金偏刀为例，说明车刀刃磨的方法。

① 粗磨车刀。

a. 粗磨主后刀面与副后刀面。粗磨主后刀面与副后刀面的同时，磨出主偏角、后角以及副偏角、副后角。粗磨出的后角与副后角应比要求的后角和副后角大2°左右，见图5-16。

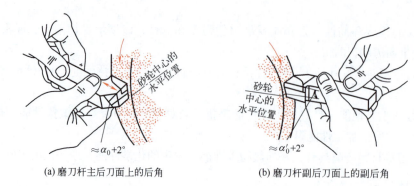

(a) 磨刀杆主后刀面上的后角 (b) 磨刀杆副后刀面上的副后角

图 5-16　磨刀杆后角和副后角

b. 粗磨前刀面。前刀面一般和断屑槽同时磨出。在磨断屑槽前，用砂轮的端面把前刀面粗磨一下，以得到必需的角度和表面粗糙度。

c. 粗磨断屑槽。断屑槽可用平形砂轮的棱角磨出，刃磨方法如图5-17所示。通常，粗磨断屑槽的起始位置与刀尖的距离为断屑槽长度的1/2左右，与主切削刃的距离为断屑槽宽度的1/2左右。

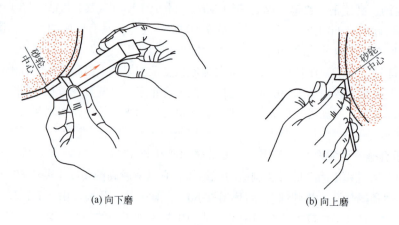

(a) 向下磨 (b) 向上磨

图 5-17　粗磨断屑槽

② 精磨车刀。

a. 精磨断屑槽。为使断屑槽的形状修整得更好、表面粗糙度更小，粗磨后的断屑槽还需精磨。精磨断屑槽的方法与粗磨相同。

b. 磨负倒棱。负倒棱一般用杯形砂轮的端面磨出，砂轮的粒度为100# ~ 200#，刃磨方法如图5-18所示。

c. 精磨后刀面与副后刀面，方法如图5-19所示，采用的砂轮与磨负倒棱时的相同。当主切削刃磨出并且负倒棱宽度达到要求时停止刃磨。

d. 磨过渡刃，刃磨方法如图 5-20 所示。图 5-20（a）所示为刃磨直线形过渡刃，图 5-20（b）所示为刃磨圆弧形过渡刃。

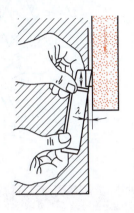

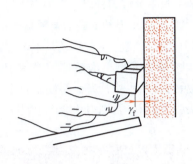

(a) 沿刀刃方向的磨刀位置   (b) 垂直刀刃方向的磨刀位置

图 5-18 磨负倒棱

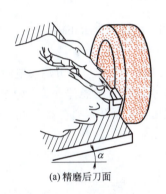
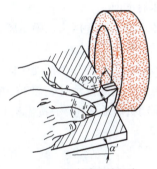

(a) 精磨后刀面   (b) 精磨副后刀面

图 5-19 精磨后刀面和副后刀面

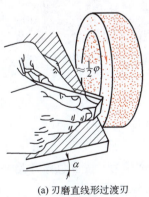
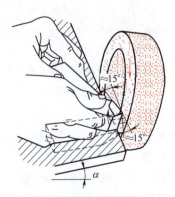

(a) 刃磨直线形过渡刃   (b) 刃磨圆弧形过渡刃

图 5-20 磨过渡刃

e. 磨修光刃，刃磨方法如图 5-21 所示。

（3）刃磨车刀时的注意事项

磨刀时必须戴好防护眼镜，人不要正对着砂轮，以免磨屑和砂粒飞入眼中，或砂轮破裂时受伤；磨刀时不要紧张，要一只手紧握刀杆以稳定刀身，另一只手握刀头以掌握角度；车刀的受磨面要紧贴砂轮，用力要均匀；车刀要在砂轮上左右移动，不可停留在一个地方磨，以免将砂轮磨出沟槽。磨高速钢车刀时，刀头磨热后可放入水中冷却；磨硬质合金车刀时，不要将刀头放入水中，否则刀片会产生裂纹。

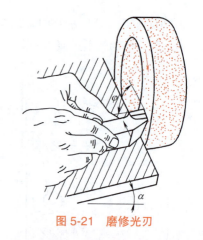

图 5-21　磨修光刃

5.3　车床基本操作

5.3.1　车床的启动和停止练习

（1）车床启动前

要检查各手柄（速度挡位正确、离合器处于空挡）的位置是否正确。

（2）启动过程

车床在关闭状态（空开手柄处于向下位置，电源指示灯不亮）→开启总电源（将空开手柄推至最上位置，电源指示灯亮起）→松开急停开关（顺时针拧急停开关，弹出）→开启电动机（按下电动机启动按钮）→按需抬起（正转）或压下（反转）离合器，如图 5-22 所示。

(a) 关闭状态　　(b) 开启总电源 (c) 松开急停开关 按电动机启动按钮　　　　(d) 操纵离合器　　　(e) 主轴运转

图 5-22　启动过程

（3）车床运转过程中

注意自身防护，站在安全位置操作，保证实习安全。

（4）关闭过程

离合器归位（离合器回到中间位置）→关闭急停开关（按下急停开关）→关闭总电源（空开手柄拉至最下位置，电源指示灯不再亮），如图 5-23 所示。

注意：

在车床运转时，如有异常声音，必须立即停车并切断电源。

车床工作前，需要低速运转 2min 左右，保证润滑到位，之后才能进行车削加工。

(a) 主轴运转　　(b) 离合回到中间位置　　(c) 主轴停止　　(d) 按下急停开关　　(e) 关闭总电源

图 5-23　关闭过程

5.3.2　车床主轴变速

车床主轴变速通过改变主轴箱正面右侧的两个叠套手柄的位置来控制。前面的手柄有 6 个挡位，每个挡有 4 级转速，由后面的手柄控制，所以主轴共有 24 级转速，如图 5-24 所示。主轴箱正面左侧的手柄用于螺纹的左、右旋向变换和加大螺距，共有 4 个挡位，即右旋螺纹、左旋螺纹、右旋加大螺距螺纹和左旋加大螺距螺纹，其挡位如图 5-24 所示。

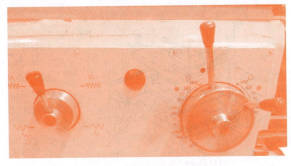

图 5-24　主轴箱操作手柄

5.3.3　车刀安装

（1）安装车刀注意事项

车刀必须正确牢固地装夹在刀架上，装夹车刀应注意下列几点。

① 刀头不宜伸出太长，否则切削时容易产生振动，影响工件的加工精度和表面粗糙度。一般刀头伸出长度不超过刀杆厚度的 1.5 倍，能看见刀尖在车削即可。

② 刀尖应与车床主轴中心线等高，一般使用垫片来调整刀尖的高度。刀尖的高低可根据尾座顶尖的高度来调整，刀尖应对齐尾座顶尖。车刀装得太高，后角减小，则车刀的主后刀面会与工件产生强烈的摩擦；如果装得太低，前角减少，切削不顺利，会使刀尖崩碎。

③ 刀杆应与工件的轴线垂直，其底面应平放在刀架上。刀杆应垫平，垫片的数量一般以 1～3 片为宜，并尽可能用厚垫片，以减少垫片数量。调整好刀尖高度后，至少用 2 颗四角螺钉交替压紧车刀。

④ 锁紧刀架，注意检查在加工极限位置时是否会产生干涉或碰撞。

（2）车刀安装的要求

① 车刀装夹在刀架上的伸出部分应尽量短，以增大车刀刚度，如图 5-25 所示。

② 要保证车刀的实际主偏角 κ_r。

③ 至少用两颗螺钉逐个轮流压紧车刀，防止发生位移和振动。

④ 通过增减车刀下面的垫片厚度，使车刀刀尖与工件轴线等高。

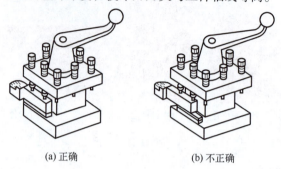

(a) 正确　　　　　　　　(b) 不正确

图 5-25　车刀的装夹

（3）车刀安装校对

车刀安装图示与要求见表 5-1。

表 5-1　车刀安装图示与要求

内容	图示	要求
根据机床主轴中心高装刀，用钢直尺进行测量	车刀　垫片	①机床主轴轴线到平面导轨的垂直距离为180mm（中心高，参考机床说明书） ②用300mm钢直尺测量，从机床导轨平面到刀尖的高度是机床的理论中心高，为180mm（机床牌号中最大回转直径的1/2）
根据尾座顶尖的高度装刀	刀尖对准顶尖 前刀面朝上 刀杆伸出<1.5倍刀杆厚度 刀杆与工件轴线垂直	刀尖与顶尖中心平齐
目测装刀并试车端面，调整装刀	标尺标记　垫片　车刀	①目测安装车刀并试车一刀，根据情况微调车刀，使刀尖与中心重合，当车刀刀尖完全到达中心位置时，在中滑板燕尾上划一条辅助标尺标记，这条标尺标记正好等于刀架底面到主轴轴线的高度 ②后续的车刀安装可以此标尺标记为基准
车刀安装伸出长度	1~1.5倍刀杆厚度　刀柄厚度	车刀装夹在刀架上，伸出部分应尽量短，以增加刚度，伸出长度一般为1~1.5倍刀杆厚度

笔记

（4）车刀安装中心高对于车削的影响

车刀安装中心高对于车削的影响见表 5-2。

表 5-2　车刀安装中心高对于车削的影响

刀具安装图示	对车削的影响
	车刀刀尖高于工件轴线，会使车刀的实际后角减小，前角增大，车刀主后刀面与工件之间的摩擦力增大
	车刀刀尖与工件中心等高，前、后角保持不变
	车刀刀尖低于工件轴线，会使车刀的实际前角减小，后角增大，实际切削阻力增大

5.3.4　工件的装夹

车床主要用于加工回转表面。安装工件时，应使待加工表面的回转中心和车床主轴的中心线（轴线）重合，以保证工件位置准确；同时还要卡紧工件，以承受切削力，保证工作时的安全。在车床上常用的装夹附件有三爪卡盘、四爪卡盘、顶尖、中心架、跟刀架、心轴、花盘和弯板等。

三爪卡盘是车床上最常用的装夹附件，其结构如图 5-26 所示。当转动小锥齿轮时，可使与它相啮合的大锥齿轮随之转动，大锥齿轮背面的平面螺纹就会使三个卡爪同时缩向中心或张开，进而夹紧不同直径的工件。由于三个卡爪同时移动并能自行对中（对中精度为 0.05～0.15mm），故三爪卡盘适于快速夹持截面为圆形、正三角形、正六边形的工件。三爪卡盘还附带三个"反爪"，换到卡盘体上，即可夹持直径较大的工件。

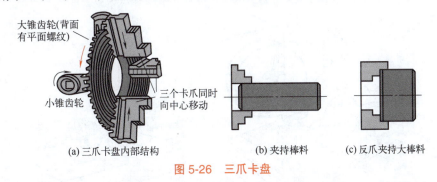

（a）三爪卡盘内部结构　　（b）夹持棒料　　（c）反爪夹持大棒料

图 5-26　三爪卡盘

四爪卡盘外形如图 5-27 所示，它的四个卡爪可通过四个调整螺杆独立移动，因此用途广泛。四爪卡盘不仅可以装夹截面是圆形的工件，还可以装夹截面是正方形、长方形、椭圆或其他不规则形状的工件。此外，四爪卡盘比三爪卡盘的夹紧力大，所以也常用来装夹较重的圆形截面工件。

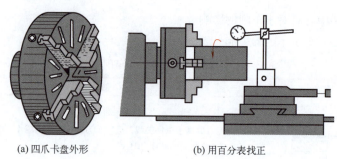

(a) 四爪卡盘外形　　　　　(b) 用百分表找正

图 5-27　四爪卡盘

其他装夹方式如下。

① 两顶尖装夹　对于较长的或必须经过多次装夹才能加工好的工件（如长轴、长丝杠等）的车削，或工序较多，在车削后还要经铣削或磨削加工的工件，为了保证每次装夹时的装夹精度（如同轴度要求），可用两顶尖装夹，如图 5-28 所示。两顶尖装夹的特点是方便，不需找正，装夹精度高。

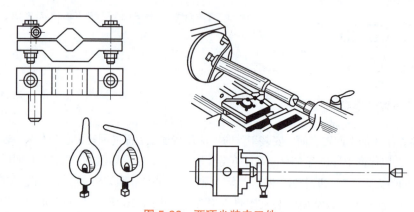

图 5-28　两顶尖装夹工件

② 一顶一夹式装夹　用两顶尖装夹工件虽然精度很高，但刚度较小，影响切削用量的提高。因此，车削一般轴类工件，尤其是较重的工件时，不能用两顶尖装夹，而用一顶一夹式装夹，如图 5-29 所示。注意：采用一顶一夹式装夹工件前，必须先在工件的端面钻出中心孔。

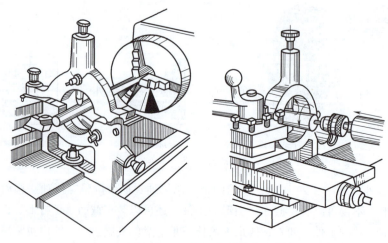

图 5-29　一顶一夹式装夹

5.4 车削方法

5.4.1 车外圆

车外圆时，一般需经过粗车和精车两个步骤。

粗车的目的是尽快从毛坯上切除大部分加工余量，使工件接近图纸的形状和尺寸。粗车时对加工质量要求不高，因此在选取切削用量时，应优先选取较大的背吃刀量 a_p，以减少吃刀次数，最好一刀切去全部粗车余量，当车床功率不够时，才考虑分两次或两次以上进刀。为了提高生产率，粗车时进给量也应尽量取大些，一般选取 0.3 ～ 1.2mm/r，最后根据 a_p、f、刀具以及工件材料等来确定切削速度，一般选用中等切削速度（10 ～ 80m/min）。工件材料较硬时选较小值，较软时选较大值；采用高速钢车刀时选低些，采用硬质合金车刀时选高些。

精车的目的是保证工件的尺寸精度和表面质量，因此要适当地减小副偏角，刀尖处应磨成有小圆弧的过渡刃，适当加大前角，并用油石仔细地打磨车刀前、后刃面。在选取切削用量时，取较小的进给量，最后根据工件尺寸确定背吃刀量。

粗车和精车开始前都必须进行试切，试切方法及步骤如图 5-30 所示。

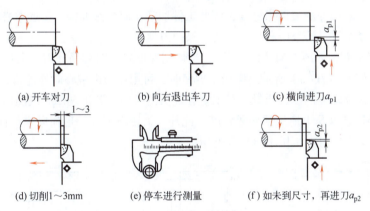

(a) 开车对刀   (b) 向右退出车刀   (c) 横向进刀 a_{p1}

(d) 切削1～3mm   (e) 停车进行测量   (f) 如未到尺寸，再进刀 a_{p2}

图 5-30 试切方法及步骤

车外圆过程中常见的问题见表 5-3。

表 5-3 车外圆过程中常见的问题

常见问题	产生原因	预防方法
工件有残留毛坯表面	①加工余量不够 ②工件弯曲没有校直 ③工件在卡盘上没有校正 ④中心孔位置不正	①毛坯在加工前一定要预先测量加工余量是否足够 ②加工前必须校直 ③工件装上卡盘后，要用划针或目测校正 ④要事先检查中心孔位置是否正确
尺寸不正确	①看错图纸 ②试切时粗枝大叶 ③看错尺寸或看错刻度 ④测量不正确 ⑤冷却收缩	①要认真看清图纸 ②在试切时要细心，车出 3 ～ 5mm 长度后要进行测量 ③看图纸时要反复多看几遍，掌握进刀刻度盘的使用方法和看清刻度格数 ④要正确选择量具，正确掌握测量方法 ⑤测量刚切完的工件，要设法将其降至室温后再进行测量

常见问题	产生原因	预防方法
锥度超差	①主轴轴线与尾座顶尖轴线不重合 ②车床导轨与主轴轴线不平行	①调整尾座使其轴线与主轴轴线重合 ②调整车床导轨或主轴轴线使之平行
椭圆度超差	①主轴轴颈椭圆或轴承配合间隙过大 ②顶尖孔和顶尖几何形状不规则 ③中心孔内藏有异物 ④活动顶尖精度超差 ⑤材料硬度不均匀或毛坯椭圆度太大	①修理主轴轴颈或调整轴承配合间隙 ②修理顶尖孔和顶尖的几何形状 ③清洁中心孔 ④修理或更换活动顶尖轴承 ⑤进行热处理或增加走刀次数
表面粗糙度超差	①刀具几何角度不正确 ②切削用量选择得不恰当 ③刀具安装不正确 ④活顶尖失去精度 ⑤刀刃变钝 ⑥主轴轴承磨损及振动	①选择合理的几何角度 ②调整切削用量 ③正确安装 ④修理或更换活顶尖轴承 ⑤重新刃磨刀具 ⑥调整或更换轴承

5.4.2　车端面

　　车端面时，常用偏刀或者弯头车刀，如图 5-31 所示。车刀装夹时，刀尖必须准确地对准工件的旋转中心，否则将在端面中心处留有凸台，且易崩坏刀尖。切削速度由外向中心会逐渐减小，将影响端面的表面粗糙度，因此工件切削速度要选大些。接近中心时可停止自动进给，改用手动缓慢进给至中心，这样还可保护刀尖。

　　用偏刀车端面，如图 5-31（b）所示。当切削深度较大时容易扎刀，所以车端面用弯头刀较为有利，如图 5-31（a）所示。但精车端面时，可用偏刀由中心向外进给，如图 5-31（c）所示，这样能提高端面的加工质量。车削直径较大的端面，若出现凹心或凸面，应检查车刀和方刀台是否锁紧以及中拖板的松紧程度。此外，为使车刀准确地横向进给而无纵向松动，应将大拖板锁紧在床身上，用小拖板调整切深。

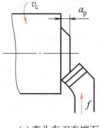 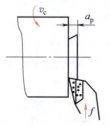 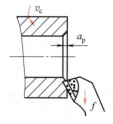

(a) 弯头车刀车端面　　　(b) 偏刀向中心走刀车端面　　　(c) 偏刀向外走刀车端面

图 5-31　车端面

5.4.3　车台阶

　　阶梯轴上不同直径的相邻两轴段组成台阶，可采用 90° 外圆车刀或 45° 端面车刀车出台阶外圆，如图 5-32 所示，再用主偏角大于 90° 的外圆车刀横向进给车出环形端面。也可用切断刀横向进给车出环形端面。用外圆车刀或切断刀车台阶端面时，端面与台阶外圆接刀处应平整，不能产生内凹外凸。粗车台阶时，长度余量应放在大直径轴段。多阶梯台阶车削时，应先车最小直径台阶，从两端向中间逐个车削。

车阶梯外圆时，不但要控制各段直径尺寸，而且要控制各段轴向尺寸。台阶长度的控制一般用车刀刻线痕，具体有 3 种方法：一种是用刀尖对准台阶右端面时，记住该处大拖板的刻度值或者调整到"0"，再转动大拖板手柄到所需长度处，开车用刀尖刻线痕；另外两种是用钢直尺或深度游标卡尺量出台阶的长度，将车刀尖移至该处，撤走钢直尺或深度游标卡尺，再开车用刀尖刻线痕。

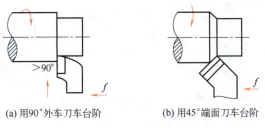

(a) 用90°外车刀车台阶　　　(b) 用45°端面刀车台阶

图 5-32　车台阶

台阶长度的测量如图 5-33 所示。对于未注长度公差的台阶的长度，可用钢直尺测量；对于尺寸公差要求高的台阶的长度，需用深度游标卡尺测量；对于大批生产的台阶的长度，可用样板检验。

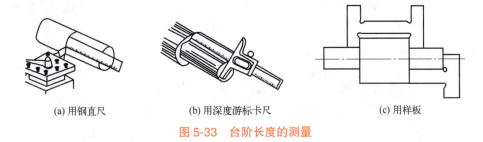

(a) 用钢直尺　　　(b) 用深度游标卡尺　　　(c) 用样板

图 5-33　台阶长度的测量

笔记 ✏

5.4.4　切槽与切断

5.4.4.1　切断

切断是指把棒料或工件分成两段或多段的车削方法。

（1）切断刀

切断时，刀头伸进工件内部，散热条件差，排屑困难，易引起振动，如不注意，刀头就会折断，因此必须合理地选择切断刀。切断刀的种类很多，按材料可分为高速钢和硬质合金切断刀，按结构可分为焊接式、整体式和机夹式切断刀等。

① 高速钢切断刀。如图 5-34 所示为整体式高速钢切断刀，它的强度好，切削刃锋利，使用效果好，应用广泛，但刀具刃磨费时，切削用量小。切断刀对刃磨后的几何角度要求较高，两副偏角 $\kappa_r'=1°\sim1.5°$，两副后角 $\alpha_0'=1°\sim2°$，后角 $\alpha_0\approx8°$，前刀面开宽而浅的槽，使前角 $\gamma_0=20°\sim30°$，这样切削卷曲半径大，切屑在切离工件

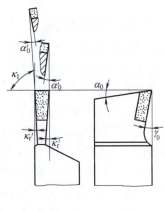

图 5-34　整体式高速钢切断刀

后再卷屑，可避免切屑夹在槽内挤碎刀刃。切断刀宽度 $b=2\sim4$mm，长度比切断长度略大 $2\sim5$mm，两副后刀面要求对称、平直。

② 硬质合金切断刀。硬质合金切断刀如图 5-35 所示。由于其采用高速切削，产生的热量大，切削力大，所以使用时必须充分加注切削液，并要求工件装夹可靠。

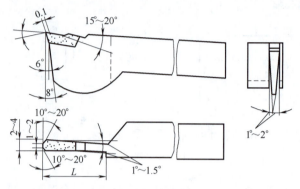

图 5-35　硬质合金切断刀

③ 弹性机夹式切断刀。为了减少刃磨时间和节约高速钢，可采用弹性机夹式切断刀，如图 5-36 所示。其刀架富有弹性，可平衡过大的径向切削力，切断时不易扎刀和折断，换刀也方便。

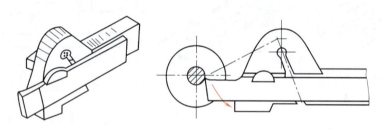

图 5-36　弹性机夹式切断刀

（2）切断刀的安装

在安装切断刀时，要保证两个副偏角对称，即刀具不能装得偏斜。刀尖的安装高度应与车床主轴中心线等高，若刀尖装得过低或过高，切断处均有凸起部分，刀具易折断或切断刀主后刀面顶住工件难以切断。切断刀伸出刀架不宜过长，以保证刚度。

（3）切断时的注意事项

① 车削过的表面容易被切断，对悬伸工件，要用顶尖顶住或用中心架支撑，可增加工件刚度。切断位置应距卡盘或中心架近些，避免因工件刚性不足而产生振动。

② 可选用比车外圆低的切削速度。用高速钢车刀车钢材时，选择 $v_c=20\sim40$m/min，并加切削液；车铸铁时，选择 $v_c=15\sim25$m/min。用硬质合金切断刀车钢材时，选择 $v_c=80\sim120$m/min；车铸铁时，选择 $v=60\sim100$m/min。

③ 切断时可采用纵向机动进给，进给量选择 $0.2\sim0.3$mm/r，接近切断时，停止机动进给，改用手动进给。对实心工件，切断至最后 $\phi2\sim3$mm 时，可退出切断刀，停车后上下摇动工件即可折断。对空心工件，切断前用铁钩钩好内孔，工件切断后，用铁钩钩起。

④ 对切断深度较小的工件，可采用直进法切断；对切断深度较大的工件，可采用左右

借刀法切断。切断方法如图 5-37 所示。

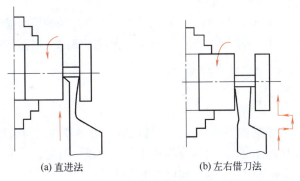

(a) 直进法   (b) 左右借刀法

图 5-37　切断方法

5.4.4.2　切槽

（1）切槽与切槽刀

在工件表面车出沟槽的方法叫作切槽，如图 5-38 所示。槽的形状很多，包括外槽、内槽和端面槽等。切槽刀与切断刀类似，其刃磨和安装方法与切断刀基本相同，不同点是刀头宽些、长度短些。对于车外槽，可用切断刀。要注意可用切断刀切槽，但不一定能用切槽刀来切断。

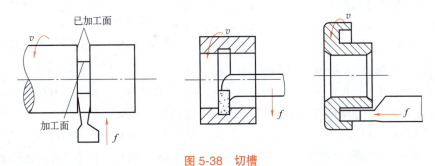

图 5-38　切槽

（2）切槽操作与测量

切槽是切断操作的一部分，因此可参照切断的操作，但要掌握对槽的宽度和深度的控制。一般宽度在 3～4mm 的外槽，采用刃磨与槽宽相等的切槽刀的宽度来控制，槽的深度利用中拖板来控制。切槽刀接触外圆时的刻度值至切深处的刻度值之差，即为槽深。槽的深度和宽度还可用游标卡尺和千分尺测量，外槽的测量方法如图 5-39 所示。

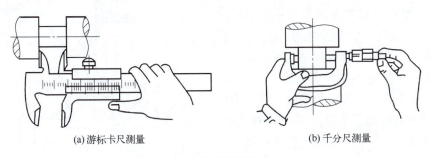

(a)游标卡尺测量   (b)千分尺测量

图 5-39　外槽的测量方法

笔记 ✐

对于宽槽，一般先分段横向粗车，槽深放余量 0.5mm，最后一次横向车槽至所需深度，立即进行纵向精车至槽宽的另一端。

对于宽度为 50～100mm 的外槽，应在用弯头车刀车外圆的同时横向逐渐切出槽深，利用纵向进给车出槽宽，槽宽的两端用切槽刀接平。大宽度槽的两端面与槽底往往是用圆弧连接，这时切槽刀的两刀尖也应磨成相应的刀尖圆弧。

5.4.5 车圆锥

车圆锥是指把工件车削成圆锥。在各种机械中，很多零件之间采用圆锥面作为配合表面，如车床主轴孔与顶尖的配合，尾座套筒锥孔与尾座顶尖的配合，带锥柄的钻头、铰刀与钻头套的配合，以及原动机中气阀与气阀座的配合等。

（1）圆锥的参数

圆锥有 6 个参数，如图 5-40 所示。其中，α 为圆锥的锥角，$\alpha/2$ 为斜角，l 为圆锥的轴向长度，D 为圆锥的大端直径，d 为圆锥的小端直径，K 为斜度。

这 6 个参数的相互关系可表示为

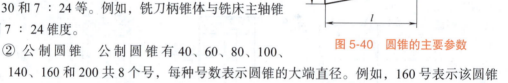

$$K=(D-d)/(2l)=\tan(\alpha/2)$$

（2）圆锥的种类和作用

① 常用的专用标准锥度　不同的锥度有不同的使用场合，常用的专用标准锥度有 1：4、1：5、1：20、1：30 和 7：24 等。例如，铣刀柄锥体与铣床主轴锥孔用 7：24 锥度。

图 5-40　圆锥的主要参数

② 公制圆锥　公制圆锥有 40、60、80、100、120、140、160 和 200 共 8 个号，每种号数表示圆锥的大端直径。例如，160 号表示该圆锥大端直径为 160mm。公制圆锥的锥度都为 1：20，常作为工具圆锥。

③ 莫氏圆锥　莫氏圆锥有 0、1、2、3、4、5、6 共 7 个号，6 号最大，0 号最小。号数不同，锥度也不相同。莫氏圆锥应用广泛，如车床主轴孔，车床尾座套筒孔，各种麻花钻钻柄、铰刀柄、顶尖柄和钻床主轴孔等。

此外，如果工件的锥角较大，可直接用锥角表示，如 $\alpha=45°$、$\alpha=60°$ 等。

（3）车圆锥的方法

在车床上车圆锥的方法很多，包括转动小拖板法、偏移尾座法、机械靠模法、成形车刀车削法和轨迹法等。

① 转动小拖板法　首先求出工件圆锥的斜角 $\alpha/2$。然后根据这个斜角将小拖板转过 $\alpha/2$ 后固定。最后，在车削时，转动小拖板手柄，车刀就会沿圆锥母线移动，可由此车出锥体和锥孔。转动小拖板法如图 5-41 所示，这种方法简单，不受锥度的限制，但由于受小拖板行程的限制，不能加工较长的圆锥，且表面粗糙度值的大小靠操作技术控制，用手动进给实现，劳动强度较大。

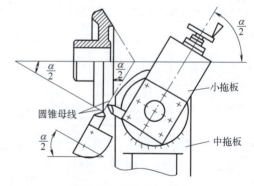

小拖板

圆锥母线

中拖板

图 5-41　转动小拖板法

② 偏移尾座法　首先把尾座偏移一个距离 S，然后使工件旋转轴线与车刀纵向进给方向相交成斜角（$\alpha/2$），进而加工出符合要求的圆锥。偏移尾座法如图 5-42 所示，此方法可以加工长锥体，但只能加工小锥度锥体，可用机动进给操作，劳动强度小。

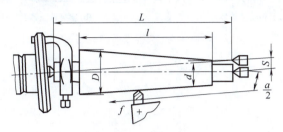

图 5-42　偏移尾座法

尾座偏移量：$S = \dfrac{L(D-d)}{2l} = L\tan(\alpha/2)$

式中，L 为工件长度。

③ 成形车刀车削法　对于长度较短的圆锥，成批加工时，可磨制成形车刀，利用手动进给直接车出圆锥。此法径向切削力大，易引起振动。成形车刀车削法如图 5-43 所示。

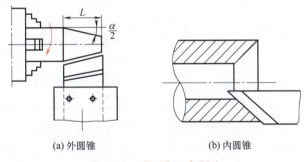

(a) 外圆锥　　　　　　　　(b) 内圆锥

图 5-43　成形车刀车削法

（4）车圆锥操作的要点

① 刀尖轨迹与工件轴线之间所夹的斜角必须正确，因为斜角的正确与否直接影响工件的锥度是否准确。

② 安装车刀时，必须使刀尖与车床主轴轴线等高。若刀尖装夹不准，车出的圆锥母线不直，会出现中间凹进去的现象；当大径 D 正确时，小端直径 d 增加，使得锥度变小。

③ 要认真检验，因为圆锥不像圆柱那样比较容易测量，所以更要细心，防止出现差错。

（5）圆锥表面的检测

检验锥体用套规，先在工件上沿锥体母线均匀地涂上 3 条红丹粉线，把套规轻轻套入锥体，转动 $1/3 \sim 1/2$ 转，拔出套规，如锥体上的红丹粉被均匀地擦去，说明锥度正确；若大端表面被擦去，小端表面未被擦去，说明锥度太大，反之，则锥度太小。

检验锥孔用锥度塞规，红丹粉涂在塞规上，检验方法同检验锥体。

用锥度套规和塞规检验圆锥表面的另一种方法如图 5-44 所示。只要保证锥孔大端面在插入的塞规大端两条刻线外，或锥体小端面在套入的套规小端处的台阶孔间，即说明圆锥大端直径尺寸和小端直径尺寸在公差范围内。

大锥度工件的锥度可用万能角度尺检验或用样板检验。

笔记 ✏

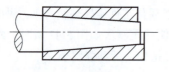
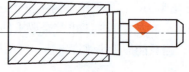

(a) 套规检验锥体　　　　　　(b) 塞规检验锥孔

图 5-44　圆锥表面的检测

5.4.6　车螺纹

（1）螺纹的类型与标记

螺纹的类型与标记见表 5-4。

表 5-4　螺纹的类型与标记

螺纹类型	牙型代号	标记	说明
粗牙普通螺纹	M	M16-6H	公称直径为 16mm，螺距 P=2mm，中径顶径公差带为 6H 的内螺纹
		M24 左 -6g	公称直径为 24mm，螺距 P=3mm，中径顶径公差带为 6g 的左旋外螺纹
细牙普通螺纹	M	M16×1.5-6g	公称直径为 16mm，螺距 P=1.5mm，中径顶径公差带为 6g 的外螺纹
圆柱管螺纹	G	G1-LH	1in 左旋圆柱管内螺纹
		G1A	1in A 级圆柱管外螺纹
梯形螺纹	T	T55×12LH-6	公称直径为 55mm，螺距 P=12mm，6 级精度的左旋梯形螺纹

笔记 ✎

在车床上能用公制螺纹传动链车普通螺纹，用英制螺纹传动链车管螺纹及英制螺纹，用模数螺纹传动链车公制蜗杆，还能用径节螺纹传动链车径节螺纹（英制蜗杆）。

车削前可根据螺距 P、牙数 /in（1in=25.4mm）、模数 m、径节 DP 查进给量与螺距铭牌，确定不同类型螺纹在车床上的不同车削方法。

（2）螺纹各部分名称及尺寸计算

普通螺纹各部分尺寸如图 5-45 所示。大写字母为内螺纹各名称的代号，小写字母为外螺纹各名称的代号。

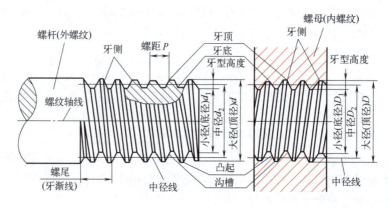

图 5-45　普通螺纹各部分尺寸

① 大径（公称直径）$D(d)$。

② 中径 $D_2(d_2)=D(d)-0.6495P$。

③ 小径 $D_1(d_1)=D(d)-1.082P$。

④ 螺距 P：相邻两牙在轴线上对应点间的距离。

⑤ 牙型角 α：螺纹轴向剖面内螺纹两侧面的夹角，公制为 $60°$，英制为 $55°$。

⑥ 线数 n：同一螺纹上螺旋线的条数。

⑦ 导程 L：$L=nP$，当 $n=1$ 时，$P=L$，一般三角螺纹为单线，螺距即为导程。

其中，P、α、$D_2(d_2)$ 是决定螺纹的 3 个基本要素，内外螺纹只有当这三个参数一致时，才能配合良好。

（3）车床上加工内、外螺纹

① 板牙与丝锥加工螺纹　直径较小的内、外螺纹可用板牙与丝锥等工具在车床上加工。加工时，要选用车床的最低转速，并加油润滑。加工一个工件后，要及时清除工具内的切屑。

② 车螺纹　在车床上车制各种螺纹时，为了获得正确的螺距，必须用丝杠带动刀架进给，使工件每转一周，刀具移动的距离等于工件的螺距或导程（单线螺纹为螺距，多线螺纹为导程）。

车螺纹时的传动路线如图 5-46 所示。由图可见，更换配换齿轮或改变进给箱手柄即可改变丝杠的转速，从而车出不同螺距或导程的螺纹。图 5-46 中三星轮的配置是为了改变刀具移动的方向，以满足车削左右旋螺纹的需要。

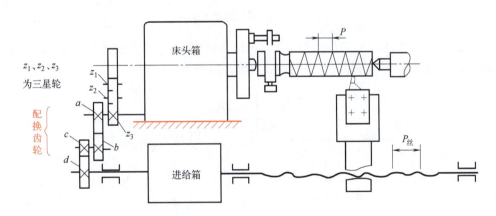

图 5-46　车螺纹时的传动路线

（4）车三角螺纹

在车床上车三角螺纹的方法有高速钢螺纹车刀低速车削和硬质合金螺纹车刀高速车削两种。

① 高速钢螺纹车刀低速车削三角螺纹　螺纹截面形状的精确度取决于螺纹车刀刃磨后的形状及其在车床上安装的位置。

车刀可用整体式高速钢螺纹车刀车削，如图 5-47 所示；如选用弹性刀杆装夹的高速钢螺纹车刀，如图 5-48 所示，可避免车削时扎刀，车削的螺纹表面质量也高。

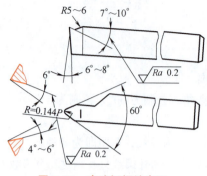

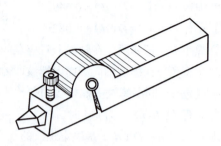

图 5-47　高速钢螺纹车刀　　　图 5-48　弹性刀杆装夹的螺纹车刀

　　刃磨螺纹车刀一般采用样板测量刀尖角，如图 5-49 所示。测量时，样板水平放置，与刀尖的基面在同一平面，用透光法检验刀尖角。

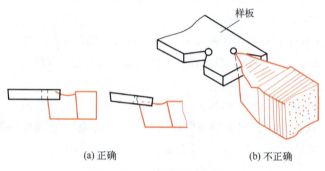

　　　　(a) 正确　　　　　　　　　(b) 不正确

图 5-49　用样板测量刀尖角

笔记

　　螺纹车刀安装的要求：刀尖中心与工件轴线严格等高，刀尖角的等分线垂直螺纹轴线，使螺纹两牙型半角相等。外螺纹车刀的安装如图 5-50 所示。

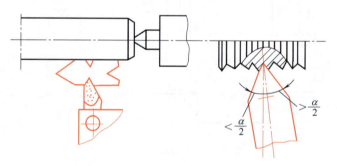

图 5-50　外螺纹车刀的安装

　　车螺纹的操作步骤见表 5-5。车螺纹时，先选择好切削用量，一般粗车选切削速度 v_c=13 ～ 18m/min，每次背吃刀量为 0.15mm 左右，计算好吃刀次数，留精车余量 0.2mm；精车选切削速度 v_c=5 ～ 10m/min，每刀切深为 0.02 ～ 0.05mm，总切深为 1.08P。

　　为了避免车刀与螺纹对不上而产生"乱扣"现象，在车削过程中和退刀时，应始终保持主轴至刀架的传动系统不变化，即不得脱开传动系统中任何齿轮或对开螺母。如果车床丝杠螺距是工件导程的整数倍，可在正车时按下开合螺母手柄车螺纹，扳起开合螺母手柄停止进给。

表 5-5　车螺纹的操作步骤

序号	操作内容	示意图
1	开车，使车刀与工件轻微接触，记下刻度盘读数，向右移出车刀	
2	合上开合螺母，在工件表面上车出一条螺纹线，横向退出车刀，停车	
3	开反车使车刀退到工件右端，停车，用钢直尺检查螺距是否正确	
4	利用刻度盘调整吃刀量，开车切削，车钢料时加切削液	
5	车刀将至行程终端时，应做好退刀停车准备，先快速推出车刀，然后停车，开反车退回刀架	
6	再次横向进刀，继续切削，其切削过程的路线如右图	快速退出　开车切削　进刀　开反车退回

在粗车螺纹时，用这种方法可提高效率。精车螺纹时，还是用倒车退刀，不要扳起开合螺母，这样容易控制加工尺寸和表面粗糙度。

车螺纹时，要不断用切削液冷却、润滑工件。

② 硬质合金螺纹车刀高速车削三角螺纹　车刀的几何角度如图 5-51 所示。刀尖磨出 $R0.5mm$ 圆弧，两主切削刃负倒棱。车削方法和用高速钢螺纹车刀相同，切削速度 $v_c=20 \sim 50m/min$，每刀切深，粗车取 0.25mm，精车取 0.15mm。

高速车削螺纹，生产效率高，但对车削操作技术的要求较高。如退刀时间往往在几分之一秒内，要求操作者要有熟练的操作技术，否则会撞坏刀具，造成设备事故。

（5）螺纹检验方法

① 综合检验法　成批大量生产时，常用螺纹量规综合检验法检验螺纹，如图 5-52 所示。外螺纹用环规，内螺纹用塞规。通端能进入啮合，止端不能旋入。

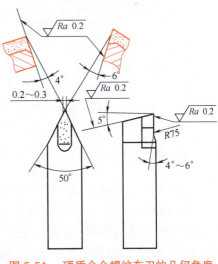

图 5-51　硬质合金螺纹车刀的几何角度

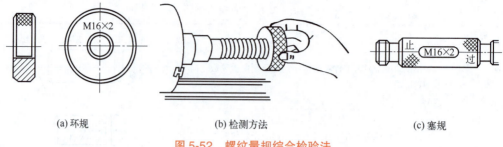

(a) 环规   (b) 检测方法   (c) 塞规

图 5-52   螺纹量规综合检验法

② 中径测量法   用螺纹千分尺测量外螺纹中径，如图 5-53 所示。首先要查出所加工外螺纹中径的最大和最小极限尺寸。

在用螺纹千分尺测量时，将根据牙型角和螺距选择的相应的测量头装在螺纹千分尺上，并校对零位，当切削深度总量达到牙型高度时停车，用螺纹千分尺测量被加工的螺纹的中径。

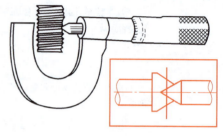

测量的方法类似于使用外径千分尺，两测头的中心连线要垂直于螺纹轴线。

使用螺纹千分尺时，测量方法一定要正确，而且要经常校对量具的零位。

图 5-53   测量螺纹中径

③ 测量螺距和牙型角   在试车一刀后，可用钢直尺测量螺距。在检修螺纹件时，如不知道螺纹的螺距和牙型角，可用螺距规和螺纹样板来测量。测量螺距和牙型角的方法如图 5-54 所示。

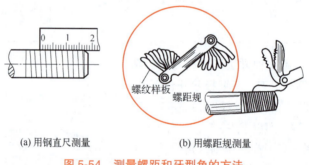

螺纹样板   螺距规

(a) 用钢直尺测量   (b) 用螺距规测量

图 5-54   测量螺距和牙型角的方法

5.4.7 孔加工

在车床上可以使用钻头和铰刀等定尺寸刀具加工孔，也可以使用镗刀镗孔。

孔加工由于在观察、排屑、冷却、测量及尺寸控制等方面都比较困难，刀具的形状、尺寸又受孔的限制而且刚性较差，使孔的加工质量受到影响。同时，由于加工孔时不能用顶尖，因而装夹工件时的刚性也较差。另外，在车床上加工孔时，工件的外圆和端面必须在同一次装夹中完成，这样才能靠机床的精度保证工件内孔、外圆表面的同轴度以及工件轴线与端面的垂直度。因此，在车床上适合加工轴类、盘套类零件中心位置的孔，而不适于加工大型零件及箱体、支架类零件上的孔。

（1）钻孔

在车床上钻孔与在钻床上钻孔的切削运动是不同的。在钻床上加工的主运动是钻头的旋转，进给运动是钻头的轴向进给。在车床上钻孔如图 5-55 所示，主运动是由车床主轴带动的工件旋转，钻头装在尾座的套筒里，用手转动手轮，使套筒带着钻头实现进给运动。因此，在车床上加工孔不需要划线，而且容易保证内孔与外圆的同轴度及孔与端面的垂直度。

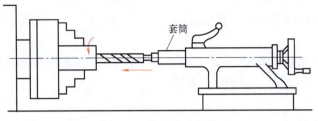

图 5-55　在车床上钻孔

一般在车床上用麻花钻来完成低精度孔的加工或高精度孔的粗加工。

车床钻孔要注意以下几点。

① 钻孔前，先车好端面，钻好中心孔，以便于钻头定心。

② 钻孔时，要及时退钻排屑，用切削液冷却钻头。进行通孔钻削时，快钻通时进给要慢，钻通后要退出钻头再停车。

③ 一般 $\phi30mm$ 以下的孔可用麻花钻直接在实心的工件上进行钻削。若孔径在 $\phi30mm$ 以上，则要先用 $\phi30mm$ 以下的钻头钻孔，再用 $\phi30mm$ 以上的钻头扩孔。

（2）扩孔

扩孔就是把已用麻花钻钻好的孔再扩大的加工过程。一般单件低精度的孔可直接用麻花钻扩孔；精度要求高、成批加工的孔，可用扩孔钻扩孔。扩孔钻的刚性好，进给量可较大，生产率较高。

（3）镗孔

① 镗孔及其操作　镗孔是用镗刀对已铸、锻或钻出的孔做进一步加工，以扩大孔径、提高孔的精度和降低孔壁表面粗糙度的加工方法。在车床上可镗通孔、盲孔、台阶孔及内环形沟槽等，如图 5-56 所示。

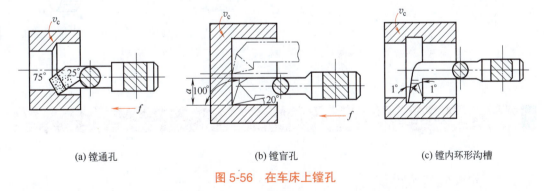

(a) 镗通孔　　　　　　　(b) 镗盲孔　　　　　　　(c) 镗内环形沟槽

图 5-56　在车床上镗孔

镗通孔镗刀的主偏角 κ_r 一般应小于 $90°$。镗盲孔或台阶孔的镗刀主偏角 κ_r 应大于 $90°$。精镗通孔时，为防止切屑划伤已加工表面，镗刀刃倾角 λ_s 应取正值，以使切屑流向待加工

笔记

表面，从孔的前端口排出。精镗盲孔时，镗刀的刃倾角应取负值，以使切屑从孔口及时排出。精镗镗刀的断屑槽要窄，以便卷屑、断屑。

镗孔时，镗刀伸入孔内切削，由于刀杆尺寸受到孔径的限制，所以易出现刀杆刚性不足进而产生弹性弯曲变形，使加工出的孔呈喇叭口形。为提高刀杆刚性，刀杆的尺寸应尽量大些，伸出长度应尽量短些，刀尖要略高于主轴旋转中心，以减小颤动和避免扎刀。

镗通孔时，在选用截面尽可能大的刀杆的同时，要防止镗刀下部碰伤已加工表面。镗盲孔时，则要使刀尖至刀背面的距离小于孔径的一半，否则无法镗平不通孔底的端面。

② 镗孔长度的控制和测量　孔的长度（孔深）可采用如图 5-57 所示的方法初步控制镗孔深度后，再用游标卡尺或深度千分尺测量。

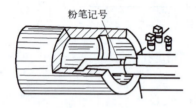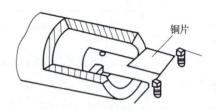

(a) 用粉笔划长度记号　　　　　　　　　　(b) 用铜片控制孔深

图 5-57　控制镗孔深度的方法

内径的测量：精度较高的孔径，可用游标卡尺测量；精度高的孔径，则用内径千分尺或内径百分表测量，如图 5-58 所示。对于标准孔径，可用塞规测量，塞规如图 5-59 所示。

如塞规过端能进入孔内，止端不能进入孔内，说明工件的孔径合格，这是内孔尺寸和形状的综合测量方法，适合成批加工时的检验。

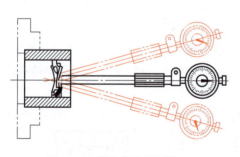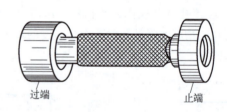

图 5-58　精密内孔的测量　　　　　　　　图 5-59　塞规

5.5　典型零件加工任务

5.5.1　阶梯轴类零件加工

（1）任务内容

车削如图 5-60 所示台阶轴工件。

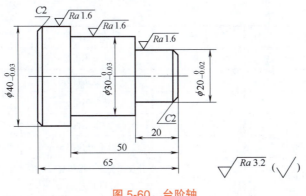

图 5-60　台阶轴

（2）任务要求

① 进一步提升机动操作能力。

② 车削加工达到图样规定的尺寸和精度。

③ 安全文明生产，养成良好的职业习惯。

（3）图样分析

对图样分析可知，该零件为典型阶梯轴类零件，车削内容包括外圆面、端面、倒角等，零件总长 65mm，直径最大为 40mm，各部分均有尺寸公差要求。

（4）任务准备

① 工具：刀架扳手等常用工具。

② 量具：游标卡尺、钢直尺等。

③ 刀具：90°、45°外圆车刀。

④ 设备：CA6140 型车床。

⑤ 毛坯材料：45 钢，ϕ45mm×90mm 毛坯棒料。

（5）任务实施

① 棒料伸出 80mm 左右，校正并夹紧；粗、精加工 ϕ30mm×50mm 外圆，保证尺寸精度和表面粗糙度。

② 粗、精加工 ϕ20mm×20mm 外圆，并保证尺寸精度和表面粗糙度。

③ 调头夹住 ϕ30mm 外圆，校正并夹紧；切总长保证尺寸；粗、精加工 ϕ40mm 外圆，并保证尺寸精度和表面粗糙度。

④ 加工完毕后，根据图纸要求倒角、去毛刺，并仔细检查各部分尺寸。

⑤ 最后卸下工件，完成操作。

（6）任务考核

台阶轴的工件评分表见表 5-6。

表 5-6　工件评分表（台阶轴）

序号	检测项目	配分	评分标准	检测结果	得分
1	$\phi30_{-0.03}^{0}$mm	10	每超差 0.01mm 扣 2 分		
2	$\phi20_{-0.02}^{0}$mm	10	每超差 0.01mm 扣 3 分		
3	$\phi40_{-0.03}^{0}$mm	10	每超差 0.01mm 扣 2 分		
4	Ra1.6μm，3 处	15（每处 5 分）	每降一级扣 2 分		

笔记 ✐

序号	检测项目	配分	评分标准	检测结果	得分
5	其余 Ra3.2μm	10	超差不得分		
6	65mm	5	超差不得分		
7	50mm	5	超差不得分		
8	20mm	5	超差不得分		
9	倒角、去毛刺, 2 处	10	每处不符合扣 5 分		
10	安全文明生产	20	违反相关安全操作规程, 酌情扣 1 ~ 20 分		
11	合计	100			

5.5.2　带锥阶梯轴类零件加工

（1）任务内容

车削如图 5-61 所示带锥阶梯轴工件。

带锥阶梯轴类零件加工

笔记

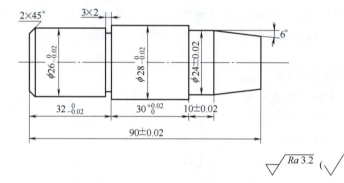

图 5-61　带锥阶梯轴

（2）任务要求

① 进一步提升车床操作能力。

② 车削加工达到图样规定的尺寸和精度。

③ 安全文明生产，养成良好的职业习惯。

（3）图样分析

对图样分析可知，该零件为典型带锥阶梯轴类零件，车削内容包括外圆面、端面、槽、锥面、倒角等，零件总长 90mm，直径最大为 28mm，各部分均有尺寸公差要求。

（4）任务准备

① 设备：CA6140 型车床。

② 毛坯材料：45 钢，ϕ35mm × 200mm 棒料。

③ 常用工具：刀架扳手、卡盘扳手、铁钩等。

④ 刀具：90° 外圆车刀、45° 外圆车刀、切断刀、切槽刀等。

⑤ 量具：游标卡尺、千分尺、万能角度尺、钢直尺等。

（5）任务实施

首先，做好自身安全防护，按要求穿戴好劳保服、鞋、帽、眼镜；其次，把刃磨好的各种车刀，借助刀架扳手安装在刀架上，并借助钢直尺等工具调正位置。最后进行加工，加工过程如下。

① 加工 $\phi26mm$ 端。

a. 工件伸出 105mm 左右，校正并夹紧，车平端面，棒料粗车至 $\phi29mm \times 92mm$，用游标卡尺测量。

b. 用 90° 外圆车刀，转速 450r/min，粗车外圆各部分，至 $\phi27mm \times 31mm$、$\phi29mm \times 32mm$，直径留 1mm 加工余量，用游标卡尺测量。

c. 用 90° 外圆车刀，转速 600 ~ 700r/min，精车 $\phi26mm \times 32mm$、$\phi28mm \times 30mm$，达到尺寸要求，用游标卡尺进行测量。

d. 用 3mm 切槽刀，转速 450r/min，切 3mm × 2mm 槽，用游标卡尺进行测量。

e. 用 45° 外圆车刀，转速 600 ~ 700r/min，对各棱进行倒角，达到尺寸要求。

f. 用切断刀，转速 600 ~ 700r/min，切断总长 91mm，用钢直尺测量。

g. 利用卡盘扳手拆卸工件。

② 调头装夹并找正后加工圆锥端。

a. 夹持 $\phi26mm \times 32mm$ 部分，利用百分表测量找正。

b. 用 90° 外圆车刀，转速 600 ~ 700r/min，首先精车 $\phi25mm \times 28mm$，然后精车 $\phi24mm \times 28mm$，达到尺寸公差要求。

c. 用 90° 外圆车刀，转速 560r/min，借助小托板调整 6° 车圆锥面，并达到尺寸要求。

③ 拆下工件进行质量评测。

a. 卸下工件，关闭车床。

b. 按规定回收工具，清理车床及周边卫生。

c. 利用各种量具对工件进行测量评分。

（6）任务考核

带锥阶梯轴的工件评分表见表 5-7。

表 5-7　工件评分表（带锥阶梯轴）

序号	检测项目	配分	评分标准	检测结果	得分
1	$\phi26_{-0.02}^{0}mm$	10	超差不得分		
2	$\phi28_{-0.02}^{0}mm$	10	超差不得分		
3	$(\phi24 \pm 0.02)mm$	10	超差不得分		
4	$32_{-0.02}^{0}mm$	10	超差不得分		
5	$32_{0}^{+0.02}mm$	10	超差不得分		
6	$(10 \pm 0.02)mm$	2	超差不得分		
7	$(90 \pm 0.02)mm$	10	超差不得分		
8	6° 锥面	10	超差不得分		
9	$Ra3.2\mu m$，10 处	10	每处不符扣 1 分		
10	倒角、去毛刺，4 处	8	每处不符扣 2 分		
11	安全文明生产	10	违反相关安全操作规程，酌情扣 1 ~ 10 分		
12	总分	100	总得分		

5.5.3 外螺纹轴类零件加工

（1）任务内容

车削如图 5-62 所示外螺纹轴工件。

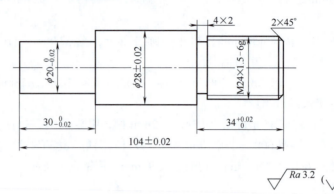

图 5-62　外螺纹轴

（2）任务要求

① 进一步提升车床操作能力。

② 车削加工达到图样规定的尺寸和精度。

③ 安全文明生产，养成良好的职业习惯。

④ 学会车削三角形外螺纹。

（3）图样分析

**外螺纹轴
类零件加工**

笔记

对图样分析可知，该零件为典型外螺纹轴类零件，车削内容包括外圆面、端面、槽、倒角、螺纹等，零件总长 104mm，直径最大为 28mm，各部分均有尺寸公差要求，需要根据零件尺寸及特征合理选用工、量具及切削用量。

（4）任务准备

① 设备：CA6140 型车床。

② 材料：ϕ35mm×200mm 的 45 钢棒料。

③ 常用工具：刀架扳手、卡盘扳手、铁钩、毛刷等。

④ 刀具：90°外圆车刀、45°外圆车刀、三角形外螺纹车刀、切槽刀、切断刀等。

⑤ 量具：游标卡尺、外径千分尺、磁力表座、百分表、对刀样板、M24×1.5 螺纹环规等。

（5）任务实施

首先，做好自身安全防护，按要求穿戴好劳保服、鞋、帽、眼镜；其次，把刃磨好的各种车刀，借助刀架扳手正确安装在刀架上，并借助钢直尺等工具调正位置。最后进行加工，加工过程如下。

① 加工 ϕ20mm 端。

a. 工件伸出 115mm 左右，利用卡盘扳手、钢直尺校正并夹紧。

b. 用 90°外圆车刀，主轴转速 450r/min，车平端面，粗车外圆至 ϕ29mm×110mm，用游标卡尺、钢直尺测量。

c. 用 90°外圆车刀，主轴转速 450r/min，粗车外圆 ϕ21mm×29mm。

d. 用 90°外圆车刀，主轴转速 600 ～ 700r/min，精车 ϕ20mm × 30mm、ϕ28mm × 41mm。

e. 用 45°外圆车刀去毛刺、倒角。

f. 用切断刀在 105mm 长度处切断。

② 调头装夹，在 ϕ28mm 的外圆上找正，加工螺纹端。

a. 用磁力表座、百分表找正后夹紧。

b. 用 90°外圆车刀，粗、精车平端面，车至总长 104mm。

c. 用 90°外圆车刀，转速 450r/min，粗车 ϕ24mm × 34mm。

d. 用切槽刀切 4mm × 2mm 槽。

e. 用 45°外圆车刀，对螺纹端倒角。

f. 用外螺纹车刀车 M24 × 1.5-6g 外螺纹。

③ 拆下工件进行质量评测。

a. 卸下工件，关闭车床。

b. 按规定回收工具，清理车床及周边卫生。

c. 利用各种量具对工件进行质量检验。

（6）任务考核

外螺纹轴的工件评分表见表 5-8。

表 5-8　工件评分表（外螺纹轴）

序号	检测项目	配分	评分标准	检测结果	得分
1	$\phi20_{-0.02}^{0}$mm	10	超差不得分		
2	$\phi30_{-0.02}^{0}$mm	10	超差不得分		
3	（ϕ28 ± 0.02）mm	10	超差不得分		
4	$34_{0}^{+0.02}$mm	10	超差不得分		
5	（104 ± 0.02）mm	10	超差不得分		
6	（4 × 2）mm	10	超差不得分		
7	M24 × 1.5-6g	10	超差不得分		
8	Ra3.2μm，10 处	10	每处不符扣 1 分		
9	倒角、去毛刺，5 处	10	每处不符扣 2 分		
10	安全文明生产	10	违反相关安全操作规程，酌情扣 1 ～ 10 分		
11	总分	100	总得分		

5.5.4　盘套类零件加工

（1）任务内容

车削如图 5-63 所示盘套类工件。

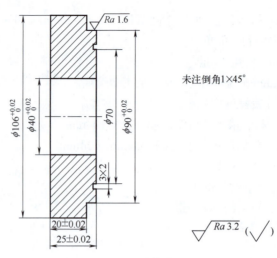

未注倒角1×45°

图 5-63　盘套类零件

笔记

（2）任务要求

① 进一步提升车床操作能力。

② 车削加工达到图样规定的尺寸和精度。

③ 安全文明生产，养成良好的职业习惯。

④ 学会车削内孔、端面、槽等。

（3）图样分析

对图样分析可知，该零件为典型的盘套类零件，车削内容包括外圆面、端面、台阶面、端面槽、钻孔、镗孔等，零件总长 25mm，直径最大为 106mm，各部分均有尺寸公差要求，需要根据零件尺寸及特征合理选用工、量具及切削用量。

（4）任务准备

① 设备：CA6140 型车床。

② 材料：ϕ110mm×27mm 的毛坯棒料。

③ 刀具：90°外圆车刀、45°外圆车刀、沟槽刀、镗孔刀、钻头、顶尖。

④ 量具：游标卡尺、钢直尺、深度游标尺。

（5）任务实施

首先，做好自身安全防护，按要求穿戴好劳保服、鞋、帽、眼镜；其次，把刃磨好的各种车刀，借助刀架扳手安装在刀架上，并借助钢直尺等工具调正位置。最后进行加工，加工过程如下。

① 装夹在毛坯 ϕ110mm 的外圆上，粗车 ϕ92mm×5mm 的台阶面及端面。

② 钻 ϕ25mm 通孔，粗镗内孔至 ϕ38mm。

③ 卸下工件，调头装夹 ϕ92mm 外圆，精车 ϕ106mm 外圆及端面并倒角。

④ 卸下工件，调头装夹 ϕ106mm 外圆，精车端面厚度至 25mm，精车 ϕ90mm 外圆及 5mm 端面。

⑤ 精镗内孔 ϕ40mm。

⑥ 找正位置，利用沟槽刀切削 3mm×2mm 沟槽。

⑦ 对各棱边倒角。

⑧卸下工件，关闭车床，按规定回收工具，清理机床及周边卫生。

⑨利用各种量具对工件进行质量检验。

（6）任务考核

盘套类零件的工件评分表见表5-9。

表5-9　工件评分表（盘套类零件）

序号	检测项目	配分	评分标准	检测结果	得分
1	$\phi106_0^{+0.02}$mm	10	超差不得分		
2	$\phi40_0^{+0.02}$mm	10	超差不得分		
3	$\phi90_0^{+0.02}$mm	10	超差不得分		
4	（3×2）mm	10	超差不得分		
5	（25 ± 0.02）mm	10	超差不得分		
6	（20 ± 0.02）mm	10	超差不得分		
7	$Ra1.6\mu$m、$Ra3.2\mu$m，6处	12	每处不符扣2分		
8	倒角、去毛刺，5处	10	每处不符扣2分		
9	安全文明生产	18	违反相关安全操作规程，酌情扣$1\sim18$分		
10	总分	100	总得分		

📑 【学习小结】

本部分介绍了车床的结构、工作原理、安全操作规程、基本操作方法；车刀材料、结构和角度；车削加工范围、常用车削方法；典型零件的加工方法和步骤等内容，为学习车削加工提供了理论遵循和方法指导。

✏️ 【思考题】

简述车床安全操作规程和车削操作基本步骤。

笔记 ✏️

钳工

思维导图

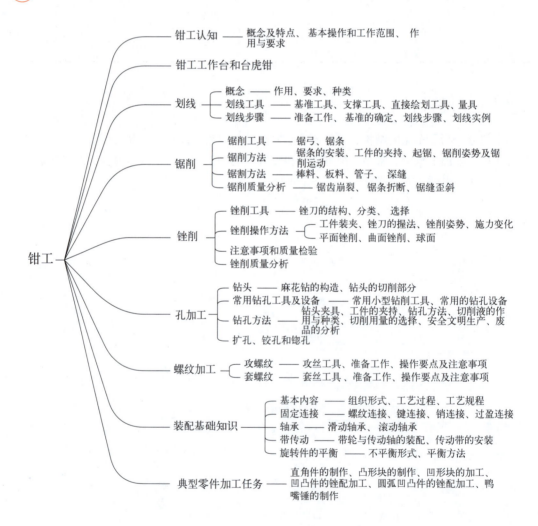

钳工

- 钳工认知 —— 概念及特点、基本操作和工作范围、作用与要求
- 钳工工作台和台虎钳
- 划线
  - 概念 —— 作用、要求、种类
  - 划线工具 —— 基准工具、支撑工具、直接绘划工具、量具
  - 划线步骤 —— 准备工作、基准的确定、划线步骤、划线实例
- 锯削
  - 锯削工具 —— 锯弓、锯条
  - 锯削方法 —— 锯条的安装、工件的夹持、起锯、锯削姿势及锯削运动
  - 锯割方法 —— 棒料、板料、管子、深缝
  - 锯削质量分析 —— 锯齿崩裂、锯条折断、锯缝歪斜
- 锉削
  - 锉削工具 —— 锉刀的结构、分类、选择
  - 锉削操作方法
    - 工件装夹、锉刀的握法、锉削姿势、施力变化
    - 平面锉削、曲面锉削、球面
  - 注意事项和质量检验
  - 锉削质量分析
- 孔加工
  - 钻头 —— 麻花钻的构造、钻头的切削部分
  - 常用钻孔工具及设备 —— 常用小型钻削工具、常用的钻孔设备
  - 钻孔方法 —— 钻头夹具、工件的夹持、钻孔方法、切削液的作用与种类、切削用量的选择、安全文明生产、废品的分析
  - 扩孔、铰孔和锪孔
- 螺纹加工
  - 攻螺纹 —— 攻丝工具、准备工作、操作要点及注意事项
  - 套螺纹 —— 套丝工具、准备工作、操作要点及注意事项
- 装配基础知识
  - 基本内容 —— 组织形式、工艺过程、工艺规程
  - 固定连接 —— 螺纹连接、键连接、销连接、过盈连接
  - 轴承 —— 滑动轴承、滚动轴承
  - 带传动 —— 带轮与传动轴的装配、传动带的安装
  - 旋转件的平衡 —— 不平衡形式、平衡方法
- 典型零件加工任务 —— 直角件的制作、凸形块的制作、凹形块的加工、凹凸件的锉配加工、圆弧凹凸件的锉配加工、鸭嘴锤的制作

6.1 钳工认知

6.1.1 钳工的概念及特点

钳工是利用钳工工具以手工操作为主的切削加工，主要是手持工具对夹紧在台虎钳上的工件进行切削加工的工艺，它是机械制造中的重要工种之一，具有以下特点。

① 加工灵活。在不适于机械加工的场合，尤其是在机械设备的维修工作中，钳工加工可获得满意的效果。

② 可加工形状复杂和高精度的零件。技术熟练的钳工人员可加工出比现代化机床加工的零件还要精密和光洁的零件，可以加工出连现代化机床也无法加工的形状非常复杂的零件，如高精度量具、样板、复杂的模具等。

③ 投资小。钳工加工所用工具和设备价格低廉，携带方便。

④ 生产率低，劳动强度大。

⑤ 加工质量不稳定。加工质量的高低受加工人员技术熟练程度的影响。

6.1.2 钳工的基本操作和工作范围

（1）钳工的基本操作

① 辅助性操作，即划线，是根据图样在毛坯或半成品工件上划出加工界线的操作。

② 切削性操作，包括錾削、锯削、锉削、攻螺纹、套螺纹、钻孔（扩孔、铰孔）、刮削和研磨等多种操作。

③ 装配性操作，即装配，是将零件或部件按图样技术要求组装成机器的操作。

④ 维修性操作，即维修，是对在役机械、设备进行维修、检查、修理的操作。

（2）钳工的工作范围

① 加工前的准备工作，如清理毛坯，在毛坯或半成品工件上划线等。

② 单件零件的修配性加工。

③ 零件装配时的钻孔、铰孔、攻螺纹和套螺纹等。

④ 加工精密零件，如刮削或研磨机器、量具和工具的配合面，夹具与模具的精加工等。

⑤ 零件装配时的配合修整。

⑥ 机器的组装、试车、调整和维修等。

6.1.3 钳工工作的作用与要求

钳工工作是一项比较复杂、细微、工艺要求较高的工作。目前虽然有各种先进的加工方法，但钳工因具有所用工具简单、加工多样灵活、操作方便、适应面广等特点，故有很多工作仍需要由钳工人员来完成，如前面所讲的钳工工作范围中的工作。因此，钳工在机械制造及机械维修中有着特殊的、不可取代的作用。但钳工工作的劳动强度大，生产率低，对人员技术水平要求较高。

对钳工人员的要求是加强基本操作技能练习，严格要求，规范操作，多练多思，勤劳创

笔记 ✏

新。基本操作技能是进行产品生产的基础，也是钳工专业技能的基础，因此钳工人员必须首先熟练掌握各项钳工技能，才能在今后工作中逐步做到得心应手、运用自如。

钳工基本操作技能项目较多，各项操作技能的学习掌握又具有一定的相互依赖关系，因此要求学生必须循序渐进、由易到难、由简单到复杂，一步一步地对每项操作技能按要求学习、掌握。基本操作技能是技术知识、技能技巧和力量的结合，不能偏废任何一个方面。实习者要自觉遵守纪律，要有吃苦耐劳的精神，严格按照每个项目的操作要求进行操作。只有这样，才能很好地完成基础操作技能的训练。

6.2 钳工工作台和台虎钳

6.2.1 钳工工作台

钳工工作台如图 6-1 所示，也称钳工台或钳桌、钳台，其主要作用是安装台虎钳和防护网，以及各种存放钳工常用工具、夹具和量具等。钳工工作台常用硬质木板或钢材制成，要求坚实、平稳，台面高 800～900mm。

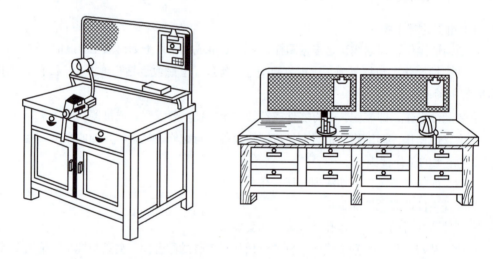

图 6-1　钳工工作台

6.2.2 台虎钳

台虎钳是用来夹持工件的通用夹具，其规格用钳口宽度来表示，常用的规格有 150mm、200mm 和 250mm 等。

台虎钳有固定式和回转式两种，如图 6-2 所示。两种台虎钳的主要结构和工作原理基本相同，不同点是回转式台虎钳比固定式台虎钳多了一个转盘座，钳身可在转盘座上回转，能根据工作需要选定适当的位置满足不同方位的加工。因此，回转式台虎钳使用更方便、应用范围更广。

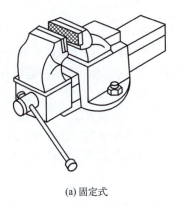
(a) 固定式

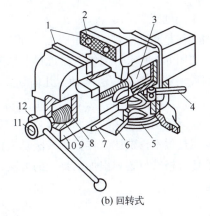
(b) 回转式

图6-2　台虎钳

1—钳口；2—螺钉；3—螺母；4, 12—手柄；5—夹紧盘；6—转盘座；7—固定钳身；8—挡圈；9—弹簧；
10—活动钳身；11—丝杠

6.2.3　使用台虎钳的注意事项

① 工件尽量夹在钳口中部，可使钳口受力均匀。

② 夹紧工件时要松紧适度，只能用手扳紧手柄，不得用手锤敲击手柄或借助其他工具加力，以免丝杠、螺母或钳身损坏。

③ 夹紧后的工件应稳定可靠，便于加工，且不产生变形。

④ 强力作业时，应尽量使力朝向固定钳身一端。

⑤ 不允许在活动钳身和光滑平面上进行敲击作业。

⑥ 对丝杠、螺母等活动表面，应经常清洗、润滑，以防生锈。

6.3　划线

6.3.1　划线的概念

划线是指用划线工具在毛坯或工件上划出待加工部位的轮廓线或作为基准的点和线。划线的精度一般为 0.25 ～ 0.5mm。

6.3.1.1　划线的作用

划线的作用：一是为了确定零件加工面的位置与加工余量，给下道工序划定加工的尺寸界线；二是为了检查毛坯的质量，补救或处理不合格的毛坯，避免不合格毛坯流入加工中造成损失。

6.3.1.2　划线的要求

划线是一项复杂、细致的工作，如果划错线，就会造成加工工件的报废，所以划线直接关系到产品的质量。划线的要求是尺寸准确、位置正确、线条清晰、冲眼均匀。

6.3.1.3　划线的种类

划线分为平面划线和立体划线两种。

笔记 ✐

99

（1）平面划线

平面划线是指在工件的一个表面（即工件的二坐标体系内）上划线就能表示出加工界线的划线，如图6-3所示。例如，在板料上划线，在盘状工件端面上划线等。平面划线的方法分几何划线法和样板划线法两种。几何划线法是根据零件图的要求，直接在毛坯或零件上，利用平面几何作图的基本方法划出加工界线的方法，它的基本线条有平行线、垂直线、圆弧与直线（或圆弧）的连接线、圆周等分线和角度等分线等，其划线方法和平面几何作图方法一样，划线过程不再赘述。样板划线法是根据零件尺寸和形状要求划好线并加工成形的样板放置在毛坯合格的位置划出加工界线的方法，它适用于平面形状复杂、批量大、精度要求一般的场合。

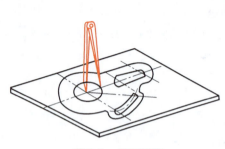

图6-3　平面划线

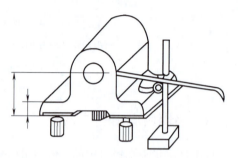

图6-4　立体划线

（2）立体划线

立体划线是指在工件的几个不同表面（即工件的三坐标体系内）上划线才能明确表示出加工界线的划线，如图6-4所示。例如，在支架、箱体和曲轴等工件上划线。立体划线的方法一般采用零件直接翻转法。划线过程中涉及零件或毛坯的放置和找正、基准选择和借料等方面。

立体划线时，零件或毛坯放置位置的合理选择十分重要，这关系到划线的质量和划线效率。一般较复杂的零件要经过3次或3次以上的放置，才可能将全部线条划出，而其中特别要重视第一划线位置的选择。放置位置的选择原则如下。

① 第一划线位置的选择原则。第一划线位置优先选择以下表面：零件上主要的孔、凸台的中心线或重要的加工面；相互关系最复杂及所划线条最多的一组尺寸线；零件中面积最大的一面。

② 第二划线位置的选择原则。要将主要的孔、凸台的另一中心线在第二划线位置划出。

③ 第三划线位置的选择原则。通常选择与第一和第二划线位置垂直的表面，该面一般是次要的、面积较小的、线条相互关系较简单且线条较少的表面。

零件或毛坯的找正是利用划线工具，将零件或毛坯上有关表面与基准面（如划线平台）之间调整到合适的位置的工序。

零件或毛坯的借料是通过试划和调整，将各部位的加工余量在允许的范围内重新分配，使各加工表面都有足够的加工余量，从而消除零件或毛坯在尺寸、形状和位置上的某些误差和缺陷。其一般步骤如下。

① 测量零件或毛坯各部分尺寸，找出偏移部位和偏移量。

② 合理分配各部位加工余量，确定借料方向和大小，划出基准线。

③ 以基准线为依据，按图划出其余各线。

④ 检查各加工表面的加工余量，若发现余量不足，则应调整各部位加工余量，重新划线。

6.3.2 划线工具

熟悉并能正确地使用划线工具，是做好划线工作的前提。

6.3.2.1 基准工具

安放要划线的零件时，利用一个或几个尺寸精度及形状和位置精度较高的表面作为引导划线并控制划线质量的工具，这类工具称为基准工具。钳工常用的划线基准工具是划线平台（图 6-5），其材料一般为铸铁，它的工作面即上表面，是经精刨或刮削而成为平面度较好的平面，用于保证划线的精度。划线平台一般用木架或钢架支撑，高度一般在 1m 左右。

图 6-5 划线平台

安装时，使工作面保持水平，避免日久变形。要经常保持工作面的清洁，防止铁屑、砂粒等划伤平台表面。为防止平台受撞击，放置工件、工具时要轻。平台工作面各处要均匀使用，避免局部磨损。划线结束后，要把平台表面擦净，上油防锈，按有关规定定期检查，并及时给予调整、研修，以保证工作面的水平状态及平面度。

6.3.2.2 支撑工具

划线常用的支撑工具有方箱、V 形架、千斤顶等，如图 6-6 所示。

方箱由铸铁制成，如图 6-6（a）所示。较小或较薄的工件可被夹持在方箱上，翻转方箱就可一次划出全部互相垂直的线。为便于夹持不同形状的工件，可采用附有夹持装置、带 V 形槽的特殊方箱。

V 形架主要用来支撑工件的圆柱面，使圆柱的轴线平行于平台工作面，如图 6-6（b）所示。V 形架常用铸铁或碳钢制成，其外形为长方体，工作面为 V 形槽，两侧面互成 90° 或 120° 夹角。支撑较长工件时，应使用成对的 V 形架。成对的 V 形架必须成对加工，且不可单个使用，以免单个磨损后产生两者在高度上的偏差。

千斤顶是用来支撑毛坯或不规则工件进行划线的工具，它可较方便地调整工件各处的高度，如图 6-6（c）所示。常用的螺旋千斤顶由螺杆、螺母、底座、锁紧螺母等组成，旋转螺母就能调节千斤顶螺杆的高度，锁紧螺母就能固定螺杆的位置。千斤顶的顶端一般做成带球顶的锥形，使支撑既可靠又灵活。若要支撑柱形工件或较重工件，可将顶部制成 V 形架。

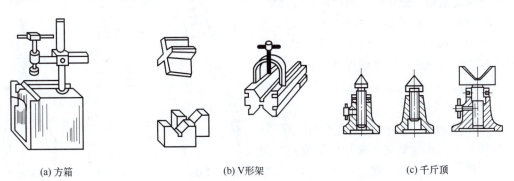

(a) 方箱　　　　　　　　　(b) V形架　　　　　　　　　(c) 千斤顶

图 6-6 支撑工具

6.3.2.3　直接划线工具

直接划线工具有划针、划规、划针盘和样冲等。

（1）划针

划针是直接在工件上划线的工具，如图 6-7（a）、（b）所示。划针一般在已加工表面上划线时使用，它一般由直径 3～5mm 的弹簧钢丝或高速钢制成，将其尖端磨成 15°～20°，并淬硬，以提高耐磨性，同时保证划出的线条宽度为 0.05～0.1mm。在铸件、锻件等的加工表面上划线时，可用尖端焊有硬质合金的划针，以便长期保持划针的锋利。

划针通常与钢直尺、90° 角尺、划线样板等导向工具配合使用，使用方法和注意事项如下。

① 用划针划线时，一手压紧导向工具，防止其滑动，另一手使划针尖靠紧导向工具的边缘，并使划针上部向外倾斜 15°～20°，同时向划针前进方向倾斜 45°～75°，如图 6-7（c）所示。这样既能保证针尖紧贴导向工具的基准边，又能方便操作者用眼观察。图 6-7（d）所示为错误的划线方法。划线时，水平线自左向右划，竖直线自上向下划，倾斜线的走向趋势是自左下方向右上方划或自左上方向右下方划。

② 划线时用力要均匀适宜。一条线应一次划成，既要保持线条均匀清晰，又要控制线条宽度。

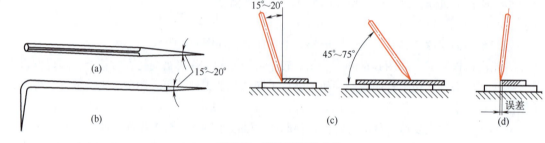

图 6-7　划针及划线方法

（2）划规

划规是划圆或弧线、等分线段及量取尺寸时用的工具，它的用法与制图的圆规相似。

常用的划规有普通划规、扇形划规、弹簧划规等，如图 6-8 所示。其中，普通划规因结构简单、制造方便，因而应用较广，但其要求两脚铆接松紧适度。若过松，则在测量和划线时易使两脚活动，致使尺寸不稳定；若过紧，又不方便调整。扇形划规因有锁紧装置，两脚间的尺寸较稳定，结构也较简单，常用于粗毛坯表面的划线。弹簧划规易于调整尺寸，但用来划线的一脚易滑动，因此只限于在半成品的表面上划线。

使用划规前，应将其脚尖外侧磨锋利。除长划规外，其他划规在使用前须使两划脚长短一样，两脚尖能合紧，以便划出小尺寸圆弧。划圆弧时，应将力的重心放在作为圆

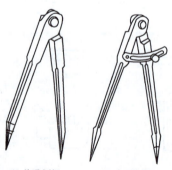

(a) 普通划规　　(b) 扇形划规　　(c) 弹簧划规

图 6-8　划规

笔记 🖉

心的一脚上，防止中心滑移。

（3）划针盘

划针盘主要用于立体划线和校正工件的位置（图6-9），它由底座、立杆、锁紧装置和划针等组成。

一般情况下，划针的直头用于划线，弯头用于找正工件位置。通过锁紧螺母，可调整划针的高度。使用时，应使划针基本处于水平位置，划针伸出端应尽量短，以增大其刚性，防止其抖动。划针的夹紧要可靠。用手拖动底座划线时，应使底座始终贴紧平台移动。划针移动时，其移动方向与划线表面之间成75°左右，以使划针顺利划线。

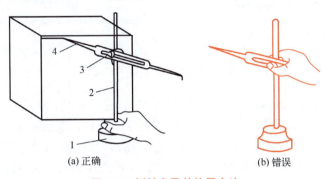

(a) 正确　　　　　　　　　　(b) 错误

图6-9　划针盘及其使用方法

1—底座；2—立杆；3—锁紧装置；4—划针

（4）样冲

样冲用于在工件划线点上打出样冲眼，以备所划线模糊后仍能找到原来划线的位置。在划圆和钻孔前，应在其中心打样冲眼，以便定心。使用时，应保持样冲顶尖与线条中心点同心，先将样冲外倾，使尖端对准线的正中，然后再将样冲扶正，并一次冲眼成形，如图6-10所示。

工件划线后，在搬运、装夹等过程中，可能将线条摩擦掉，为保持划线标记，通常要用样冲在已划好的线上打上小而均布的冲眼。在工厂，样冲可用旧的丝锥、铰刀柄等改制而成。其尖端和锤击端经淬火硬化，尖端一般磨成45°～60°，划线用样冲的尖端可磨锐些，一般为45°左右，而钻孔用样冲可磨得钝一些，一般为60°左右。

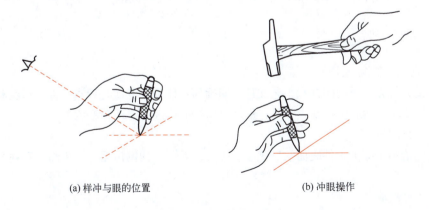

(a) 样冲与眼的位置　　　　　　　　(b) 冲眼操作

图6-10　样冲的使用方法

笔记 ✏

6.3.2.4 量具

划线时用的量具有钢直尺、直角尺、高度尺（普通高度尺和高度游标尺）等。

钢直尺是一种简单的测量工具和划直线的导向工具，在尺面上刻有尺寸刻线，最小刻线间距为 1mm，其规格（即长度）有 150mm、300mm、500mm、1000mm 等。钢直尺的用法如图 6-11 所示。

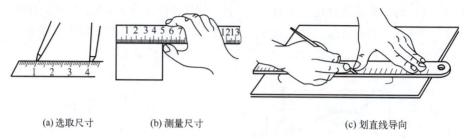

(a) 选取尺寸   (b) 测量尺寸   (c) 划直线导向

图 6-11　钢直尺的使用方法

高度游标尺是精确的量具及划线工具（图 6-12），它既可用来测量工件高度，又可用其量爪的两角尖划线。高度游标尺的读数原理同游标卡尺一样，读数精度一般为 0.02mm。高度游标尺只能用于半成品划线，不允许用于毛坯。用其划线时，底座应紧贴划线平台移动，划线尖应与工件被划线表面成 45°～ 60°夹角，应在工件表面轻轻划过，不可用力过大，以免损坏尖角，影响划线精度。

直角尺在钳工中应用很广（图 6-13），它可作为划垂直线及平行线的导向工具，还可找正工件在划线平板上的垂直位置，并可检查两垂直面的垂直度或单个平面的平面度。

图 6-12　高度游标尺

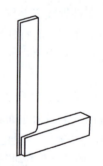

图 6-13　直角尺

6.3.3　划线步骤

6.3.3.1　划线前的准备工作

划线前，首先要看懂图样和工艺文件，明确划线任务；其次是检查工件的形状和尺寸是否符合图样要求，然后选择划线工具；最后对划线部位进行清理和涂色等。

（1）工件的清理

工件的清理是除去工件表面的氧化层、飞边、毛刺、残留污垢等，为涂色和划线作准备的工序。

（2）工件的涂色

工件的涂色是在工件需划线的表面上涂上一层涂料，使划出的线条更清晰的工序。常用的涂料有石灰水、蓝油等。石灰水用于铸件和锻件毛坯，为增加吸附力，可在石灰水中加适量的牛皮胶，划线后白底黑线，很清晰。蓝油常涂于已加工表面，划线后蓝底白线，效果较好。涂色时，涂层要薄而均匀，太厚的涂层反而容易脱落。

（3）在工件的孔中装中心塞块

当在有孔的工件上划圆或等分圆周时，为了在求圆心和划线时能固定圆规的一脚，须在孔中塞入塞块。常用的塞块有铅条、木块或可调塞块。铅条用于较小的孔，木块和可调塞块用于较大的孔。

6.3.3.2　划线基准的确定

基准是确定生产对象上各几何要素间的尺寸大小和位置关系时所依据的点、线、面。在设计图样上采用的基准为设计基准，在工件划线时所选用的基准称为划线基准。基准的确定要综合考虑工件的整个加工过程及各工序间所使用的检测方法。划线作为加工中的第一道工序，在选用划线基准时，应尽可能使划线基准与设计基准保持一致，这样可避免相应的尺寸换算，减小加工过程中的基准不重合误差。

平面划线时，通常要选择 2 个相互垂直的划线基准；而立体划线时，通常要确定 3 个相互垂直的划线基准。划线基准一般有以下 3 种类型，如图 6-14 所示。

（1）以两相互垂直的平面或直线为基准

该零件有相互垂直的两个方向的尺寸，可以看出，每个方向的尺寸大多是依据它们的外缘线确定的（个别尺寸除外）。此时，就可把这两条边线分别确定为这两个方向的划线基准。

（2）以两互相垂直的中心平面或直线为基准

该零件两个方向的许多尺寸分别与其中心线具有对称性，其他尺寸也从中心线起始标注。此时，就可把这两条中心线分别确定为这两个方向的划线基准。

（3）以一平面（或直线）或一个对称平面（或对称直线）为基准

该零件高度方向的尺寸是以底面为依据确定的，底面就可作为高度方向的划线基准；宽度方向的尺寸对称于中心线，故中心线就可作为宽度方向的划线基准。

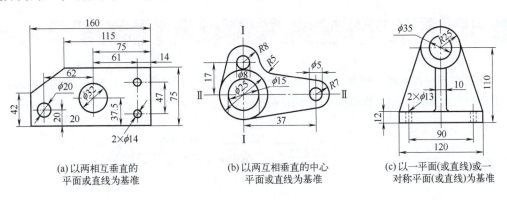

(a) 以两相互垂直的平面或直线为基准　　(b) 以两互相垂直的中心平面或直线为基准　　(c) 以一平面(或直线)或一对称平面(或直线)为基准

图 6-14　划线基准的类型

6.3.3.3　划线步骤

① 仔细看清图纸尺寸，详细了解所需划线的部位，以及这些部位的作用、要求，以及加工工艺。

② 初步检查毛坯的误差情况。

③ 正确安放工件和选用划线工具。

④ 遵守从基准开始的原则，使得设计基准和划线基准重合，再进行划线。

⑤ 详细检查划线的准确性及线条是否有遗漏。

⑥ 在线条上打样冲眼。

6.3.3.4　划线实例

轴承座的立体划线方法如图 6-15 所示。

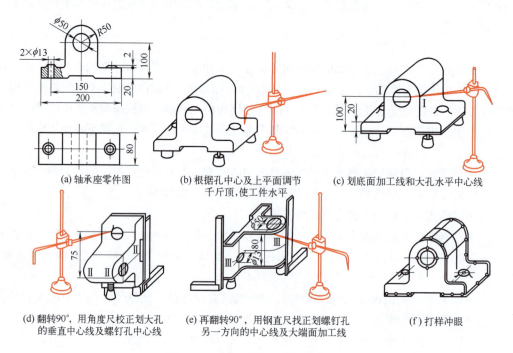

(a) 轴承座零件图　　(b) 根据孔中心及上平面调节　(c) 划底面加工线和大孔水平中心线
　　　　　　　　　　千斤顶，使工件水平

(d) 翻转90°，用角度尺校正划大孔　(e) 再翻转90°，用钢直尺找正划螺钉孔　(f) 打样冲眼
的垂直中心线及螺钉孔中心线　　另一方向的中心线及大端面加工线

图 6-15　轴承座的立体划线方法

6.4　锯削

锯削是把材料锯断、锯掉工件上的多余部分或在工件上锯槽的加工工艺。锯削大型材料或工件时，可采用机械。锯削的应用如图 6-16 所示。

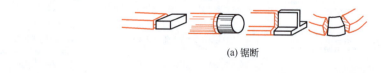

(a) 锯断

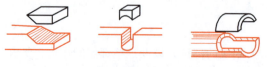

(b) 锯掉一部分多余材料

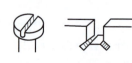

(c) 锯槽

图 6-16　锯削的应用

6.4.1 锯削工具

（1）锯弓

锯弓的作用是装夹并张紧锯条，且便于双手操作。锯弓有固定式和可调式两种，如图 6-17 所示。

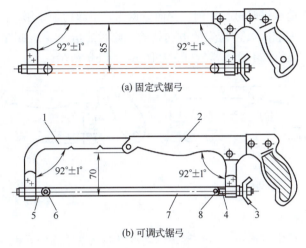

(a) 固定式锯弓

(b) 可调式锯弓

图 6-17　锯弓的构造

1—可调部分；2—固定部分；3—蝶形螺母；4—活动夹头；5—固定夹头；6，8—销子；7—锯条

固定式锯弓的弓架是整体的，只能装一种长度规格的锯条。可调式锯弓的锯架则分为前后两段，前段套在后段内且可伸缩，可以调节长度，故能安装几种长度规格的锯条，具有灵活性，使用十分方便，因此得到广泛应用。

（2）锯条

锯条是用来直接锯削材料或工件的工具，一般用碳素工具钢（如 T10 或 T12）或合金工具钢制成，经淬火处理后，硬度较高，锯齿锋利，但性脆易断，属非自制刀具。锯条的长度规格以锯条两端安装孔之间的中心距离来表示，一般长为 150～400mm（钳工常用的锯条长为 300mm）、宽为 12mm、厚为 0.8mm。

锯条的切削部分由许多锯齿组成，每个齿相当于一把錾子，起切割作用，制造时按一定规律左右错开，排列成一定的形状，称为锯路。锯路有交叉形和波浪形两种，如图 6-18 所示。锯路的作用是使锯缝的宽度大于锯条背部的厚度，这样在锯削时，锯条才不会被锯缝夹阻，既可以排屑顺利，又利于散热、减小锯条的磨损，使锯割省力。通常粗齿锯条的锯路制成交叉形，而中齿或细齿锯条的锯路制成波浪形。

锯条的粗细应根据加工材料的硬度、厚薄来选择。锯削软材料（如铜、铝合金等）或厚材料时，应选用粗齿锯条，因为锯屑较多，要求有较大的容屑空间。锯削硬材料（如合金钢等）或薄板、薄管时，应选用细齿锯条，因为材料硬，锯齿不易切入，锯屑量少，不需要大的容屑空间；锯削薄材料时，锯齿易被工件钩住而崩断，需要

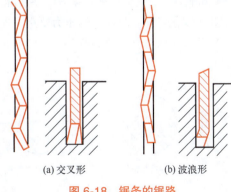

(a) 交叉形　　　(b) 波浪形

图 6-18　锯条的锯路

笔记 ✎

同时工作的齿数多，使锯齿承受的力量减少；锯削中等硬度材料（如普通钢、铸铁等）和中等硬度的工件时，一般选用中齿锯条。

6.4.2　锯削方法

（1）锯条的安装

由于手锯是在向前推进时进行切削，而向后返回时不起切削作用，所以在向锯弓中安装锯条时具有方向性。安装时要使齿尖的方向朝前，此时前角为零，如图6-19（a）所示。如果装反了，则前角为负值，不能正常锯削，如图6-19（b）所示。

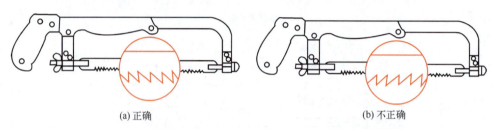

(a) 正确　　　　　　　　　　　(b) 不正确

图 6-19　锯条的安装

将锯条安装在锯弓中，通过调节蝶形螺母就可以调整锯条的松紧程度。锯条的松紧程度要适当，如果锯条张得太紧，会使锯条受张力太大，失去应有的弹性，以至于在工作时稍有卡阻弯曲就折断；如果装得太松，又会使锯条在工作时易扭曲摆动，同样容易折断，且锯缝易发生歪斜。调节好的锯条应与锯弓在同一中心平面内，以保证锯缝正直，防止锯条折断。

（2）工件的夹持

工件一般被夹持在台虎钳的左手侧，以方便操作。锯削线应与钳口垂直，防止锯斜，工件的伸出端应尽量短，工件的锯削线应尽量靠近钳口，以防止工件在锯削过程中产生振动。

工件要牢固地夹持在台虎钳上，防止锯削时因工件移动而致使锯条折断。但对于薄壁管子及已加工表面，要防止因夹持太紧而使工件或表面变形。

（3）起锯

起锯是锯削的开始，起锯直接影响锯削的质量和锯条的使用。起锯常采用远起锯和近起锯两种方法，如图6-20（a）、（b）所示。远起锯是指从工件的远点开始起锯，其角度以俯倾15°为宜，实际工作中，一般采用这种起锯方法。近起锯是指从工件的近点开始起锯，其角度以仰倾15°为宜，这种起锯方法在实际工作中采用较少。如图6-20(c)所示，起锯角过大，不利于锯正工件。起锯时的压力要小，速度要慢，为了防止锯条在工件表面上打滑，可用拇指指甲松靠锯条以引导锯条切入，如图6-20（d）所示。

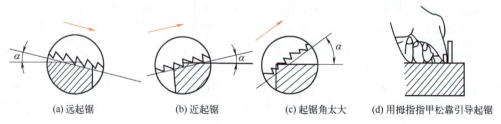

(a) 远起锯　　　　(b) 近起锯　　　　(c) 起锯角太大　　　(d) 用拇指指甲松靠引导起锯

图 6-20　起锯方法

（4）锯削姿势及锯削运动

正确的锯削姿势能减轻疲劳，提高工作效率。握锯时，要自然、舒展，右手握手柄，左手轻扶锯弓前端，如图6-21所示。锯削时两脚站立的位置如图6-22所示。

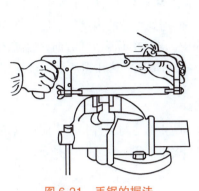

图6-21　手锯的握法

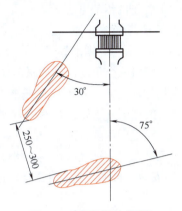

图6-22　锯削站立位置

锯削时右腿伸直，左腿弯曲，身体向前倾斜，重心落在左脚上，两脚站稳不动，靠左膝的屈伸使身体做往复摆动。在起锯时，身体稍向前倾，与竖直方向约成10°，此时右肘尽量向后收，如图6-23（a）所示。随着推锯的行程增大，身体逐渐向前倾斜，如图6-23（b）所示。行程达2/3时，身体倾斜18°左右，左右臂均向前伸出［图6-23（c）］。当锯削最后1/3行程时，用手腕推进锯弓，身体随着锯的反作用力退回到15°的位置，如图6-23（d）所示。锯削行程结束后，取消压力，将手和身体都退回到最初位置。

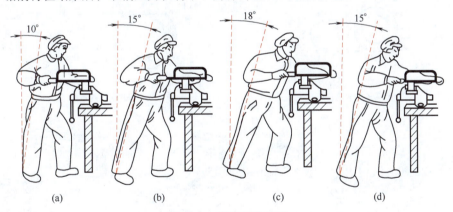

图6-23　锯削操作姿势

锯削速度以每分钟20～40次为宜。速度过快，易使锯条发热，磨损加重；速度过慢，又直接影响锯削效率。工件将要锯断或要被锯到所需尺寸时，操作者用力要小，速度应放慢。对需锯断的工件，还要用左手托住工件要被锯断部分，防止因锯条折断或工件跌落造成事故。

6.4.3　锯削方法

（1）棒料的锯削方法

锯削棒料时，如果断面要求比较平整，则应从开始一直锯到断为止；如果断面要求不高，则可改变几次方向锯断或锯到靠近中心部位后锯断。棒料的锯削如图6-24（a）所示。

笔记 ✎

（2）板料的锯削方法

板料应尽量从宽面上锯削。如果必须从窄面上锯削，可用木块夹持在一起锯削，如图6-24（b）所示。这样可避免锯条被钩住或板料振动，锯割薄板时尤其应该如此。

（3）管子的锯削方法

管子是薄壁类零件，易变形，因此在装夹时，应用V形槽木垫夹牢在台虎钳上，如图6-24（c）所示。锯削管子时，应先在管子的一个方向锯到管子的内壁处，然后将管子沿推锯方向转过一个角度，再从原锯缝开始锯削，直到内壁，这样不断改变方向，逐渐转动锯削，直到锯断为止。切不可在一个方向从一开始连续锯到结束，这样锯齿会因被钩住而崩裂。管子的锯削方法如图6-24（d）所示。

（4）深缝的锯削方法

当工件太厚，锯缝深达到或超过锯弓高度时，为了防止锯弓与工件相碰，应将锯条转过90°重新安装后再锯，或者将锯条转过180°重新安装后再锯，如图6-24（e）所示。

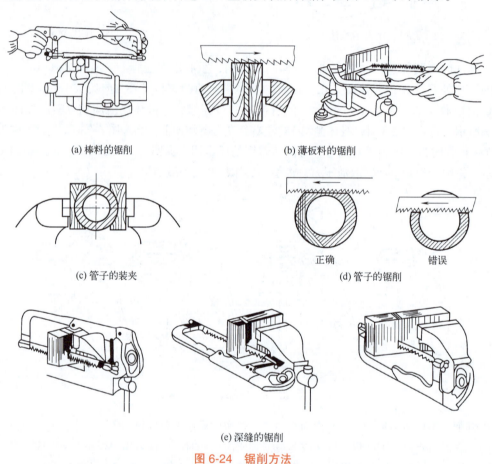

(a) 棒料的锯削　　　　　　　　　(b) 薄板料的锯削

(c) 管子的装夹　　　　　正确　　错误　(d) 管子的锯削

(e) 深缝的锯削

图6-24　锯削方法

笔记

6.4.4　锯削质量分析

（1）造成锯齿崩裂的操作原因

① 起锯角太大或起锯时用力过大。

② 锯削时突然加大压力，被工件棱边钩住锯齿从而崩裂。

③锯削薄板料和薄壁管子时，锯条选择不当。

（2）造成锯条折断的操作原因

①锯条安装得过松或过紧。

②工件装夹不牢固或装夹位置不正确，造成工件松动或抖动。

③锯缝歪斜后强行纠正。

④运动速度过快，压力太大，使锯条被卡住。

⑤更换新锯条后，容易在原锯缝内造成夹锯。

⑥工件被锯断时，没有减慢锯削速度和减小锯削力，使手锯突然失去平衡，进而折断锯条。

⑦锯削过程中停止工作，未将手锯取出而碰断。

（3）造成锯缝歪斜的原因

①锯条安装过松或歪斜、扭曲。

②工件安装时，锯缝未能与铅垂线方向一致。

③锯削压力过大，使锯条左右偏摆。

④锯削时未扶正锯弓或用力过猛，使锯条背离锯缝中心平面。

6.5 锉削

锉削是指用锉刀对工件表面进行切削加工，使其达到零件图要求的形状、尺寸和表面粗糙度的加工方法。锉削常安排在錾削和锯削之后，是一种精度较高的加工方法，其加工的工件尺寸精度一般为 IT7 ～ IT8，表面粗糙度 Ra 为 1.6 ～ 0.8μm。锉削可用于成形样板、模具型腔、部件的制作，以及去毛刺，锉平面、曲面等，也可在装配、修配时对工件进行整理。锉削是钳工基本操作技能之一，锉削质量的好坏常常能反映一名钳工人员的技术水平高低。

笔记 🖊

6.5.1 锉削工具

锉刀由碳素工具钢 T13、T12、T13A、T12A 制成，经淬火处理，其切削部分的硬度高达 62HRC 以上。

（1）锉刀的结构

锉刀的结构如图 6-25 所示，包括工作部分（锉身）和锉柄两部分。

锉刀的锉纹是用剁齿机剁出来的，锉纹有单纹和双纹两种。用双纹锉刀锉削时，锉屑易碎断，锉面不易堵塞，锉削省力，应用最为普遍。单纹锉刀一般用于锉铝等软材料。锉纹交叉排列，形成切削齿锉齿与容屑槽，锉齿的形状如图 6-26 所示。

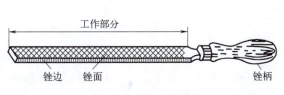

图 6-25 锉刀的结构

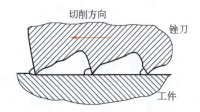

图 6-26 锉齿的形状

（2）锉刀的分类

锉刀按用途可分为普通锉、特种锉、整形锉等。锉刀的规格一般以截面形状、锉刀长度、锉纹粗细来表示。常用的普通锉刀按其截面形状可分为平锉、方锉、圆锉、半圆锉和三角锉 5 种，如图 6-27 所示。

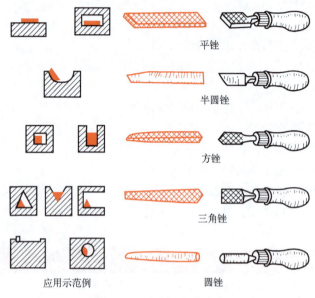

平锉

半圆锉

方锉

三角锉

应用示范例　　　　　　　　　　　圆锉

图 6-27　普通锉刀的种类

锉刀的大小以其工作部分的长度表示。锉刀的长度有 100mm、150mm、200mm、250mm、300mm、350mm 和 400mm 7 种；按齿纹粗细可分为粗齿、中齿、细齿和油光齿等。锉刀锉齿粗细的划分、特点和用途见表 6-1。

笔记

表 6-1　锉刀刀齿粗细的划分、特点和用途

锉齿粗细	锉齿数（10mm长度内）	特点和用途	加工余量/mm	表面粗糙度 Ra/μm
粗齿	4～12	齿间大，不易堵塞，适宜粗加工或锉铜、铝等有色金属	0.5～1	50～12.5
中齿	13～33	齿间适中，适于粗锉后加工	0.2～0.5	6.3～3.2
细齿	30～40	锉光表面或锉硬金属	0.05～0.2	1.6
油光齿	50～62	精加工时修光表面	0.05 以下	0.8

（3）锉刀的选择

锉削前，应根据金属材料的硬度、加工余量的大小、工件的表面粗糙度要求来选择锉刀，加工余量小于 0.2mm 时，宜用细锉。

6.5.2　锉削操作方法

6.5.2.1　工件装夹

工件必须牢固地装夹在台虎钳钳口的中间，并略高于钳口 5～10mm。夹持已加工表面时，应在钳口与工件间垫铜片或铝片。易于变形和不便直接装夹的工件，可以用其他辅助材料装夹。

6.5.2.2 锉刀的握法

（1）较大型锉刀的握法

一般长度在 250mm 以上的锉刀，要用右手握紧刀柄，让柄端顶住掌心，大拇指压在锉刀的上部，其余四指轻握锉刀柄。左手的握法有多种方式，当右手推动锉刀时，左手协同右手保持锉刀的平衡。较大型锉刀的握法如图 6-28 所示。

（2）中、小型锉刀的握法

对于长度在 200mm 左右的中型锉刀，其握持方法与大型锉刀相似，只是左手由大拇指、食指和中指轻轻扶住锉刀前端即可。小型锉刀用右手食指压放在锉柄的侧面，其他手指自然握住锉柄，左手只用手指压在锉刀中部即可。更小的锉刀（如整形锉）只用右手食指放在锉刀上面，拇指在侧面，其余手指自然握住即可。中、小型锉刀的握法如图 6-29 所示，使用不同大小的锉刀，有不同的握法及施力方法。

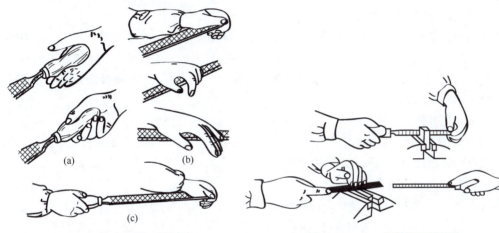

图 6-28　较大型锉刀的握法　　　　图 6-29　中、小型锉刀的握法

6.5.2.3 锉削姿势

锉削时的站立位置和姿势与锯削时基本相同，身体运动要自然并便于用力，以能适应不同的加工要求为准。

6.5.2.4 施力变化

锉削平面时，保持锉刀的平直运动是锉削的关键。锉削力量有水平推力和垂直压力两种。推力主要由右手控制，其大小必须大于切削阻力才能锉下切屑。压力是由两手控制的，其作用是使锉齿深入工件表面。由于锉刀两端伸出工件的长度随时都在变化，因此两手压力大小必须随之变化。使两手压力对工件中心的力矩相等，这是保证锉刀平直运动的关键。锉平面时的施力情况见图 6-30。

6.5.2.5 平面锉削的基本方法

粗锉时用交叉锉法（图 6-31），这样不仅

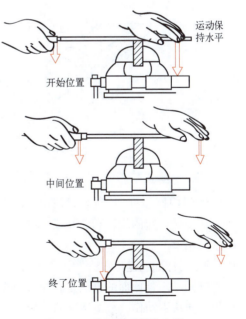

运动保持水平

开始位置

中间位置

终了位置

图 6-30　锉平面时的施力情况

笔记 ✎

锉得快，而且可以利用锉痕判别加工部分是否锉到尺寸。平面基本锉平后，可用顺向锉法（图 6-32）进行锉削，以减小工件表面粗糙度值，并获得正直的锉纹。最后可用细锉刀或油光锉刀以推锉法（图 6-33）修光。

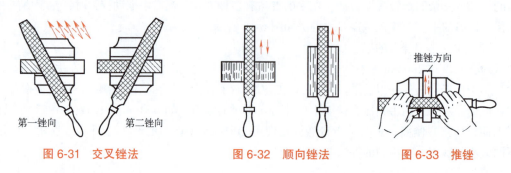

第一锉向　　　　第二锉向

图 6-31　交叉锉法　　　　图 6-32　顺向锉法　　　　图 6-33　推锉

6.5.2.6　曲面锉削的基本方法

在锉削外圆弧面时，锉刀必须同时完成推进运动和绕圆弧中心摆动的复合运动。锉刀的推进运动与锉削平面相似，锉刀的摆动可通过一只手压锉刀的一端，另一只手把锉刀的另一端往上抬，双手配合来实现，这样就可以锉削出所需的外圆弧面。常用锉外圆弧面的方法有以下两种，如图 6-34 所示。

（1）横着圆弧面锉削法

锉刀按如图 6-34（a）所示的两个箭头的方向运动，既做横着圆弧面的直线推进运动，又不断顺着圆弧面转动。这种方法锉削效率高，但精度低，适用于粗锉外圆弧面。

（2）顺着圆弧面锉削法

顺着圆弧面锉削法又叫滚锉法，锉削时锉刀既顺着圆弧面推进，又同时右手下压、左手上提锉刀，进而实现锉刀的摆动运动，如图 6-34（b）所示。这种方法锉削的外圆弧面光洁圆滑，但效率低，适用于精锉外圆弧面。

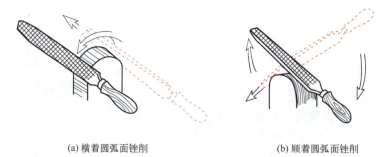

(a) 横着圆弧面锉削　　　　　　　　(b) 顺着圆弧面锉削

图 6-34　外圆弧面的锉削方法

锉削内圆弧面时，锉刀除向前运动外，锉刀本身还要做一定的旋转和向左或向右的移动，如图 6-35 所示。

6.5.2.7　球面的锉削方法

锉圆柱端部球面的方法是，锉刀一边沿凸圆弧面做顺向滚锉动作，一边绕球面的球心和周向做摆动，如图 6-36 所示。

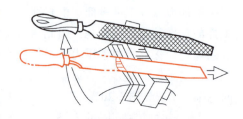

图 6-35　内圆弧面的锉削方法

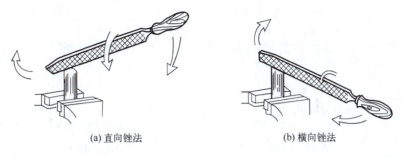

(a) 直向锉法　　　　　　　　　(b) 横向锉法

图 6-36　球面的锉削方法

6.5.3　锉削的注意事项和质量检验

（1）锉削的注意事项

① 为防止锉刀过快磨损，不要用锉刀面锉削毛坯件的硬皮或工件的淬硬表面，而应先用其他工具或用锉梢端、边齿加工。

② 锉削时，应先用锉刀一面，待这个面用钝后，再用另一面。

③ 锉削时，要充分使用锉刀的有效工作面，避免局部磨损。

④ 锉削时，锉削速度不应过快，一般以每分钟 40 次左右为宜。

⑤ 不能将锉刀作为装拆、敲击和撬物的工具，防止因锉刀材质较脆而折断。

⑥ 用整形锉和小锉刀时，用力不能太大，防止锉刀折断。

⑦ 锉刀要防水、防油，沾水后的锉刀易生锈，沾油后的锉刀在工作时易打滑。

⑧ 锉削过程中，若发现锉纹上嵌有切屑，要及时用锉刷将其去除，以免切屑损坏加工面。锉刀用完后，要用锉刷或铜片顺着锉纹刷掉残留的切屑，以防生锈。千万不可用嘴吹切屑，以防切屑飞入眼内。

⑨ 放置锉刀时，要避免与硬物相碰，避免锉刀与锉刀重叠堆放，防止损坏锉齿。

（2）锉削的质量检验

锉削后，工件的尺寸可用钢直尺和卡尺检验。工件的平面度可用光隙法检验，即用刀口形直尺（或 90°刀口角尺）根据是否能透过光线来检查，如图 6-37 所示。

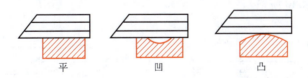

平　　　　　凹　　　　　凸

图 6-37　检查平直度和垂直度

6.5.4　锉削质量分析

锉削有时作为零件加工的最后一道工序，如果因锉削使工件报废，就要造成很大的损失。锉削时产生废品的种类、原因和预防方法见表 6-2。

笔记 ✎

表 6-2　锉削时产生废品的种类、原因及预防方法

废品种类	产生原因	预防方法
工件夹坏	①台虎钳钳口太硬，将工件表面夹出凹痕 ②夹紧力太大，将空心件夹扁 ③薄而大的工件未夹好，锉时变形	①夹精加工工件时，应用铜钳口 ②夹紧力要恰当，夹薄管最好用弧形木垫 ③薄而大的工件要用辅助工具夹持
平面中凸	锉削时锉刀摇摆	加强锉削技术的训练
工件尺寸太小	①划线不正确 ②锉刀锉出加工界线	①按图纸尺寸正确划线 ②锉削时要经常测量，确定每次锉削量
表面不光洁	①锉刀粗细选用不当 ②切屑嵌在锉刀中未清除	①合理选用锉刀 ②经常清除切屑
不应锉的部分被锉掉	①锉垂直面时，未选用光边锉刀 ②锉刀打滑锉伤邻近表面	①应选用光边锉刀 ②注意消除油污等引起打滑的因素

6.6　孔加工

图 6-38　钻头的运动

孔加工是钳工的重要内容之一。根据孔的用途不同，孔的加工方法大致可分为两类：一类是在实心材料上加工出孔，即用麻花钻、中心钻等进行钻孔；另一类是对已有的孔进行再加工，即用扩孔钻、锪钻、铰刀等进行扩孔、锪孔和铰孔。

钻孔时，钻头装在钻床或其他设备上，依靠钻头与工件间的相对运动进行切削，其切削运动由以下两个运动合成，如图 6-38 所示。

① 主运动　主运动是指将切屑切下所需的基本运动，即钻头的旋转运动。

② 进给运动　进给运动是指使被切削金属继续投入切削的运动，即钻头的直线运动。

6.6.1　钻头

（1）麻花钻的构造

麻花钻是应用最广泛的钻头，它由柄部、颈部、工作部分 3 个部分组成。麻花钻有锥柄和直柄两种，如图 6-39 所示。

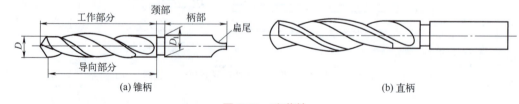

(a) 锥柄　　　　　　　　　　　　　　　　　　(b) 直柄

图 6-39　麻花钻

（2）钻头的切削部分

钻头切削部分的六面五刃如图 6-40 所示。

① 两个前刀面　切削部分的两个螺旋槽表面。

② 两个后刀面　切削部分顶端的两个曲面，加工时它与工件的切削表面相对。

③ 两个副后刀面　与已加工表面相对的钻头的两棱边。

④ 两条主切削刃　两个前刀面与两个后刀面的交线。

⑤ 两条副切削刃　两个前刀面与两个副后刀面的交线。

⑥ 一条横刃　两个后刀面的交线。

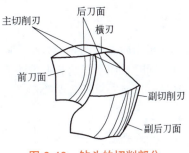

图 6-40　钻头的切削部分

6.6.2　常用钻孔工具及设备

（1）常用小型钻削工具

常用小型钻削工具是手电钻，在装配和修理工作中，经常要在大的工件上钻孔，或在工件的某些特殊位置钻孔。在这些用钻床不方便的场合，就可以用手电钻钻孔。常用的手电钻有手枪式和手提式两种，如图6-41 所示。手电钻的规格是以其最大钻孔直径来表示的，一般有 6mm、10mm、13mm、19mm 和 23mm 等几种。

（2）常用钻孔设备

常用钻孔设备是钻床，钳工加工中常用的钻床有台式钻床（图 6-42）、立式钻床（图 6-43）及摇臂钻床（图 6-44）。

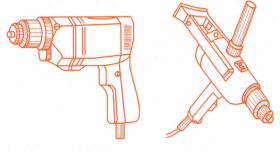

(a) 手枪式　　　　(b) 手提式

图 6-41　手电钻

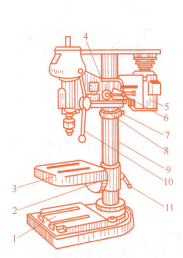

图 6-42　台式钻床

1—底座面；2—锁紧螺钉；3—工作台；4—头架；5—电动机；6—手柄；7—螺钉；8—保险环；9—立柱；10—进给手柄；11—锁紧手柄

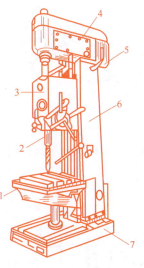

图 6-43　立式钻床

1—工作台；2—主轴；3—进给变速箱；4—主轴变速箱；5—电动机；6—床身；7—底座

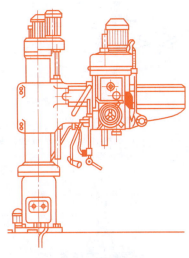

图 6-44　摇臂钻床

笔记

117

6.6.3　钻孔方法

根据所钻孔的直径大小不同及所钻孔的位置不同，应分别选用不同的钻削设备和钻削刀具，同时采用不同的装夹方法。例如，加工小孔，位置比较特殊时就可采用手电钻；加工孔径较大且便于定位装夹的孔，就可采用钻床。

6.6.3.1　钻头夹具

钻头夹具常用的是钻夹头和钻套。

（1）钻夹头

钻夹头适用于装夹直柄钻头。钻夹头柄部是圆锥面，可与钻床主轴内孔配合安装；头部3个爪可通过紧固扳手转动，使其同时张开或合拢。

（2）钻套

钻套又称过渡套筒，用于装夹锥柄钻头。钻套一端的孔安装钻头，另一端的外锥面接钻床主轴内锥孔。

6.6.3.2　工件的夹持

（1）平整工件的夹持

① 用手握持。当钻孔直径在8mm以下且工件又可以用手握牢而不会发生事故时，可以用手直接拿稳工件钻孔，此时为防划手，应对工件握持边倒角。当快要将孔钻穿时，进给量要小。有些工件虽可用手握持，但为保证安全，最好用螺钉将工件靠在工作台上，如图6-45所示。

② 用手虎钳夹持。直径在8mm以上或用手不能握牢的小工件，可以用手虎钳夹持，或用小型机床用平口虎钳夹持，如图6-46所示。

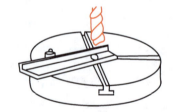

图 6-45　用螺钉靠住

图 6-46　钻小孔时的夹持

（2）圆柱形工件的夹持

圆柱形工件可用V形架配以螺钉、压板夹持（图6-47），以使圆柱形工件在钻孔时不致转动。

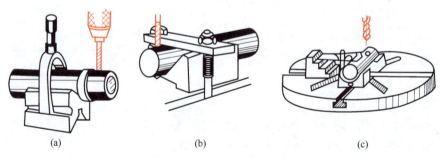

(a)　　　　　　　　　(b)　　　　　　　　　(c)

图 6-47　圆柱形工件的夹持

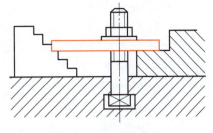

（3）用压板夹持

当需在工件上钻较大孔或用机床用平口虎钳不便夹持时，可用如图6-48所示的方法夹持，即用压板、螺栓、垫铁将工件固定在钻床工作台上。

图 6-48　用压板夹持

6.6.3.3　钻孔方法

（1）一般工件的钻孔方法

① 试钻。起钻的位置是否准确，直接影响孔的加工质量。钻孔前，先把孔中心的样冲眼冲大一些，这样可使横刃在钻前落入样冲眼内，钻孔时钻头不易偏离中心。判断钻尖是否对准孔中心，要在两个互相垂直的方向上观察。当观察到已对准后，先试钻一个锥坑，看钻出的锥坑与所划的孔圆周线是否同心，如果同心，就可继续钻孔，否则要借正后再钻。

② 借正。当发现试钻的锥坑与所划的孔圆周线不同心时，应及时借正。一般靠移动工件位置借正。

③ 限速限位。当通孔即将钻穿时，必须减少进给量，如果原先采用自动（机动）进给，此时最好改成手动进给。因为当钻尖刚钻穿工件材料时，轴向阻力突然减小，由于钻床进给机构的间隙和弹性变形突然恢复，将使钻头以很大的进给量自动切入，以致造成钻头折断或钻孔质量降低等现象。

④ 深孔的钻削要注意排屑。一般当钻进深度达到直径的3倍时，钻头就要退出排屑，且每钻进一定深度，钻头就要退刀排屑一次，以免钻头因切屑阻塞而扭断。

⑤ 直径超过30mm的大孔可分两次钻孔，即先用0.5～0.7倍孔径的钻头钻孔，然后再用所需孔径的钻头扩孔。这样既可以减小轴向力，保护机床和钻头，又能提高钻孔的质量。

（2）在圆柱形工件上钻孔的方法

轴类、套类工件上经常要钻出与轴线垂直并通过轴线的孔，这时钻孔的借正工作就显得特别重要了。当孔的中心与工件中心对称度要求较高时，应选用V形架支撑工件，并将工件的钻孔中心线校正到与钻床主轴的中心线在同一条铅垂线上。再在钻夹头上夹上一个定心工具，并用百分表找正定心工具，使之与主轴达到同轴度要求，振摆量在0.01～0.02mm。然后调整V形架，使之与圆锥体彼此结合。最后用压板把V形架位置固定。

借正工作结束后，开始划线。先在工件端面用90°角尺找正端面的中心线，并使之保持垂直。然后换上钻头，压紧工件，试钻一个锥坑，判断中心位置是否正确。如有误差，可找正工件再试钻。

当对称要求不太高时，可不用定心工具，而是利用钻头的钻尖来找正V形架的位置。再用90°角尺借正工件端面的中心线，并使钻尖对准孔中心进行试钻和钻孔。

（3）在斜面上钻孔的方法

若直接用钻头在斜面上钻孔，由于钻头在单向径向力的作用下，切削刃受力不均匀而产生偏切现象，致使钻头偏歪、滑移，不易钻进，即使勉强钻进，钻出的孔的圆度和轴心线的位置度也难以保证，甚至可能折断钻头。因此，可采取以下方法。

① 用立铣刀在斜面上铣出一个水平面，然后再钻孔。

② 用錾子在斜面上錾出一个小平面后，用中心钻钻出一个较大的锥坑，或用小钻头钻锥孔。为了保证钻头有较好的刚度，应选用较短的钻头，同时使钻头在钻夹头中的伸出量尽量短。

（4）钻半圆孔的方法

① 相同材料的工件的半圆孔的钻削方法。当相同材料的两工件边缘需钻半圆孔时，可把两工件合起来，用台虎钳夹紧。若只需做一件，则可用一块相同的材料与工件拼起来，在台虎钳内进行钻削。

② 在两件不同材料的工件上钻骑缝孔时，可采用"借料"方法来完成。即孔中心样冲眼要打在略偏向硬材料的一边，以抵消因阻力小而引起的钻头偏向软材料的偏移量。

③ 使用半孔钻。它是把标准麻花钻切削部分的钻心修磨成凹凸形，以凹为主，凸出两个外刃尖，使钻孔时切削表面形成凸肋，限制钻头的偏移，从而可以进行单边切削。为防止振动，最好采用低速手动进给。

6.6.3.4 切削液的作用与种类

（1）切削液的作用

切削液主要起冷却、润滑和洗涤等作用。

（2）切削液的种类

切削液的种类主要有乳化液和切削油。

6.6.3.5 切削用量的选择

钻孔时的切削用量主要指切削速度、进给量和背吃刀量。

① 切削速度 v_c。切削速度是指钻削时钻头切削刃上任一点的线速度，一般是指切削刃最外缘处的线速度，单位为 m/min。

② 进给量 f。钻孔时的进给量是指钻头每转一圈，钻头沿孔的深度方向移动的距离，单位为 mm/r。

③ 背吃刀量 a_p。钻孔时的背吃刀量等于钻头的半径，单位为 mm。

合理选择切削用量是为了在保证加工精度、表面粗糙度、钻头合理耐用度的前提下，最大限度地提高生产率，同时不允许超过机床的功率和机床、刀具、工件、夹具等的强度和刚度。

选择切削用量的基本原则：在允许范围内，尽量先选用较大的进给量。当进给量受到表面粗糙度及钻头刚性限制时，再考虑选择较大的切削速度。具体选择时，应根据钻头直径、钻头材料、工件材料、表面粗糙度等几个方面的情况决定。一般情况下，可查表选取，必要时，可做适当的修正或由试验确定。

6.6.3.6 钻孔时的安全文明生产

① 钻孔前，要清理工作台，如使用的刀具、量具和其他物品不应放在工作台台面上。

② 钻孔前，要夹紧工件，钻通孔时，要垫垫块或使钻头对准工作台的沟槽，防止钻头损坏工作台。

③ 通孔快被钻穿时，要减小进给量，防止发生事故。因为钻通工件时，轴向阻力突然消失，钻头走刀机构恢复弹性变形，会突然使进给量增大。

④ 松紧钻夹头应在停车后进行，且要用"钥匙"来松紧，而不能敲击。当钻头要从钻头套中退出时，要用斜铁敲出，并用手接住，防止损坏钻头。

⑤ 钻床需变速时，应先停车后变速。

⑥ 钻孔时，应戴安全帽，不可戴手套，以免被高速旋转的钻头伤害。

⑦ 清除切屑时，应用刷子，不可用嘴吹，以防切屑飞入眼中。

⑧ 使用电钻时，应戴橡皮手套和穿胶鞋，以防触电。

笔记

6.6.3.7 钻孔时产生废品的分析

（1）钻孔时产生废品的主要原因

钻孔时产生废品的主要原因包括钻头刃磨、工件装夹、切削用量的选择和操作 4 个方面。钻孔时产生废品的原因和预防方法见表 6-3。

表 6-3　钻孔时产生废品的原因和预防方法

废品形式	产生原因	预防方法
钻孔呈多角形	①钻头后角太大 ②两切削刃有长有短，角度不对称	正确刃磨钻头
孔径大于规定尺寸	①钻头两主切削刃有长有短 ②钻头摆动	①正确刃磨钻头 ②消除钻头摆动
孔壁粗糙	①钻头不锋利 ②后角太大 ③进给量太大 ④冷却不足，切削液润滑性差	①将钻头磨锋利 ②减小后角 ③减少进给量 ④选用润滑性好的切削液
钻孔位置偏移或歪斜	①工件表面与钻头不垂直 ②钻头横刃太长 ③钻床主轴与工作台不垂直 ④进刀过于急躁 ⑤工件固定不紧	①正确安装工件 ②磨短横刃 ③检查钻床主轴的垂直度 ④进刀不要太快 ⑤工件要夹得牢固

（2）钻孔时钻头损坏的原因和预防方法

钻孔时钻头损坏的原因和预防方法见表 6-4。

表 6-4　钻孔时钻头损坏原因和预防方法

损坏形式	损坏原因	预防方法
钻头工作部分折断	①用钝钻头工作 ②进给量太大 ③钻屑塞住钻头的螺旋槽 ④孔钻通时，因进刀阻力迅速减小而突然增加进给量 ⑤工件松动 ⑥钻铸件时碰到缩孔	①将钻头磨锋利 ②减小进给量，合理提高切削速度 ③钻深孔时，钻头退出几次，可使钻屑及时排出 ④钻孔将穿透时，减少进给量 ⑤将工件可靠地加以固定 ⑥钻有缩孔的铸件时，要减少进给量
切削刃迅速磨损	①切削速度过高 ②钻头刃磨角度与工件硬度不适应	①降低切削速度 ②根据工件硬度选择钻头刃磨角度

笔记 ✎

6.6.4　扩孔、铰孔和锪孔

（1）扩孔

用扩孔钻将已有孔（铸出、锻出或钻出的孔）扩大的加工方法称为扩孔，如图 6-49 所示。扩孔的加工精度一般为 IT9 ～ IT10，表面粗糙度 Ra 为 3.2 ～ 6.3μm。

扩孔钻如图 6-50 所示，其形状和钻头相似，但前端为平面，无横刃，有 3 ～ 4 条切削刃，螺旋槽较浅，钻芯粗大，刚性好，扩孔时不易弯曲，导向性好，切削稳定。

（2）铰孔

铰孔是对工件上的已有孔进行精加工的方法，如图 6-51 所示。

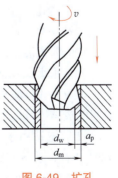

图 6-49　扩孔

铰孔的余量小，加工精度一般可达到 IT6 ～ IT7，表面粗糙度 Ra 为 0.8 ～ 1.6μm。

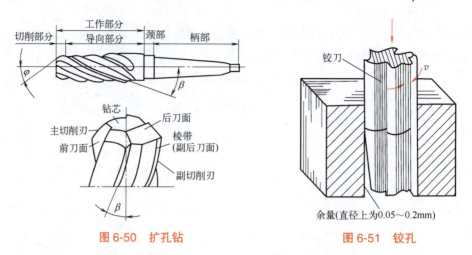

图 6-50　扩孔钻　　　　　　　　　图 6-51　铰孔

铰孔用的刀具称为铰刀。铰刀有 6 ～ 12 条切削刃，容屑槽较浅，横截面大，因此铰刀刚性和导向性好。铰刀有手用和机用两种，如图 6-52 所示。手用铰刀柄部是直柄带方榫，机用铰刀是锥柄扁尾。手工铰孔时，将手用铰刀的方榫夹在铰杠的方孔内，转动铰杠带动铰刀旋转进行铰孔。

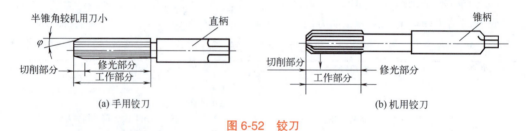

(a) 手用铰刀　　　　　　　　　　　　　(b) 机用铰刀

图 6-52　铰刀

铰杠是用来夹持手用铰刀的工具，常用的有固定式和活动式两种，如图 6-53 所示。

(a) 固定式　　　　　　　　　　　　(b) 活动式

图 6-53　铰杠

（3）锪孔

锪孔是对工件上的已有孔进行孔口型面的加工，如图 6-54 所示。锪孔用的刀具称为锪钻，它的形式很多，常用的有圆柱形埋头锪钻、锥形锪钻和端面锪钻等。

圆柱形埋头锪钻端刃起切削作用，周刃作为副切削刃起修光作用，如图 6-54（a）所示。为保证原有孔与埋头孔同心，锪钻前端带有导柱，与已有孔配合起定心作用。导柱和锪钻本体可制成整体，也可组装。

锥形锪钻用于锪圆锥形沉头孔，如图 6-54（b）所示。锪钻顶角有 60°、75°、90° 和 120° 4 种，顶角为 90° 的锪钻用得最广泛。

端面锪钻用于锪与孔垂直的孔口端面，如图 6-54（c）所示。

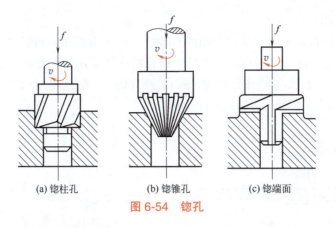

(a) 锪柱孔　　　(b) 锪锥孔　　　(c) 锪端面

图 6-54　锪孔

6.7　螺纹加工

6.7.1　攻螺纹

用丝锥在工件孔壁上切削出内螺纹的加工方法称为攻螺纹。

6.7.1.1　攻螺纹工具

手工攻螺纹常用的工具由手用丝锥和攻螺纹铰杠。

（1）手用丝锥

丝锥是用来加工较小直径内螺纹的成形刀具，一般选用合金工具钢 9SiGr 并经热处理制成。通常 M6 ～ M24 的丝锥一套有 2 支，称为头锥、二锥；M6 以下及 M24 以上的丝锥一套有 3 支，即头锥、二锥和三锥。手用丝锥有普通螺纹丝锥、圆柱管螺纹丝锥和圆锥管螺纹丝锥之分。丝锥如图 6-55 所示，一般由工作部分和柄部组成。工作部分实质上类似于表面开有槽的外螺纹，它又由切削部分 L_1 和校正部分 L_2 组成。切削部分一般磨成圆锥形，有锋利的切削刃，切削负荷由多个切削刃分担。切削部分是丝锥的主要工作部分。校正部分有完整的牙型，并在大径、中径和小径上沿柄部方向制成（0.05 ～ 0.12）/100mm 的倒锥量，用于减小丝锥与螺孔的摩擦。校正部分用于修光和校正切削部分已切出的螺纹，并具有导向作用，以引导丝锥沿轴向运动。丝锥工作部分沿轴向开有 3 ～ 4 条容屑槽，用于形成切削刃和排屑。手用丝锥柄部为圆柱形，末端为方榫，用于夹持并传递转矩。

笔记

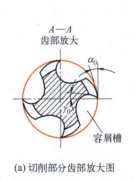

A—A
齿部放大

α_0

γ_0

容屑槽

(a) 切削部分齿部放大图

(b) 手用丝锥

L_1　L_2

工作部分　　柄部

方槽

(c) 机用丝锥

A

L_1　L_2

A　工作部分　　　柄部

方槽

图 6-55　丝锥

（2）攻螺纹铰杠

铰杠是用来夹持丝锥的工具，常用的有普通铰杠（图6-56）和丁字形铰杠（图6-57）两类，每类铰杠又有固定式和可调式两种。铰杠的规格以其长度表示，常用的有150mm、225mm、275mm、375mm、475mm和600mm 6种规格。一般攻制M5以下的螺纹用固定式铰杠，攻制M5以上的螺纹用可调式铰杠。

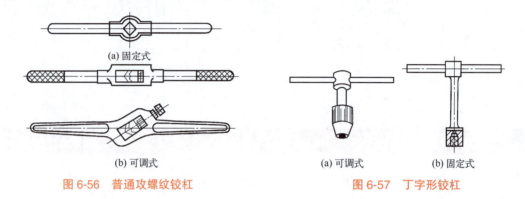

图6-56　普通攻螺纹铰杠　　　　　　　图6-57　丁字形铰杠

6.7.1.2　攻螺纹前的准备工作

（1）底孔直径及深度的确定

攻螺纹前必须先钻底孔。由于丝锥在工作时除了切削金属外，同时还对金属有一定的挤压作用，使螺纹牙顶凸起一部分，因此钻孔直径必须略大于螺纹的小径，可用计算法确定。

加工钢材和塑性较大的材料：

$$D_{钻}=D-P \qquad (6-1)$$

加工铸铁和塑性较小（脆性）的材料：

$$D_{钻}=D-(1.05\sim1.1)P \qquad (6-2)$$

式中　$D_{钻}$——攻螺纹前钻底孔的钻头的直径，mm；

　　　D——螺纹公称直径（大径），mm；

　　　P——加工的螺纹的螺距，mm。

钢材上钻螺纹底孔的钻头的直径见表6-5。

表6-5　钢材上钻螺纹底孔的钻头的直径　　　　　mm

螺纹直径 /D	2	3	4	5	6	8	10	12	14	16	20	24
螺距 /P	0.4	0.5	0.7	0.8	1	1.25	1.5	1.75	2	2	2.5	3
钻头直径 /$D_{钻}$	1.6	2.5	3.3	4.2	5	6.7	8.5	10.2	11.9	13.9	17.4	20.9

（2）钻孔深度的确定

攻盲孔（不通孔）的螺纹时，因丝锥不能攻到底，所以孔的深度要大于螺纹的长度，盲孔的深度可按下面的公式计算：

孔的深度 = 所需螺纹的深度 +0.7D

（3）孔口倒角

攻螺纹前，要在孔口处进行倒角，以利于丝锥的定位和切入。倒角的深度要大于螺纹的螺距。

6.7.1.3 攻螺纹的操作要点及注意事项

① 根据工件上螺纹孔的规格正确选择丝锥，先头锥，后二锥，不可颠倒使用。

② 装夹工件时，要使孔中心垂直于钳口，防止螺纹攻歪。

③ 用头锥攻螺纹时，先旋入 1 ～ 2 圈，要检查丝锥是否与孔端面垂直（可目测或用直角尺在互相垂直的两个方向检查）。当切削部分已切入工件后，每转 1 ～ 2 圈应反转 1/4 圈，以便切屑断落，同时不能再施加压力（即只转动，不加压），以免丝锥崩牙或攻出的螺纹齿较"瘦"。

④ 攻钢件上的内螺纹时要加润滑剂，以使螺纹光洁、切削省力和延长丝锥的使用寿命；攻铸铁上的内螺纹时可不加润滑剂，或者可以加煤油；攻铝及铝合金、紫铜上的内螺纹时可加乳化液。

⑤ 不要用嘴直接吹切屑，以防切屑飞入眼内。

6.7.2 套螺纹

套螺纹是用板牙加工外螺纹的操作。

（1）套螺纹工具

板牙是加工外螺纹的刀具，有固定的和开缝的两种。板牙的结构形状像圆螺母，如图 6-58（a）所示，由切削部分、校正部分和排屑孔组成。板牙两端是带有 60° 锥度的切削部分，起切削作用。板牙中间一段是校正部分，起修光和导向作用。板牙的外圆有一条 V 形槽和 4 个锥坑，下面两个锥坑通过紧固螺钉将板牙固定在板牙架上，用来传递转矩，带动板牙转动。板牙一端的切削部分磨损后，可翻转使用另一端。板牙校正部分磨损使螺纹尺寸超出公差时，可用锯片砂轮沿板牙 V 形槽将板牙锯开，利用上面两个锥坑，靠板牙架上的两个调整螺钉将板牙缩小。板牙架是装夹板牙并带动板牙旋转的工具，如图 6-58（b）所示。

笔记 ✎

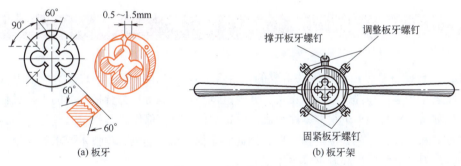

（a）板牙 　　　　　　　（b）板牙架

图 6-58 板牙与板牙架

（2）套螺纹前的准备工作

① 套螺纹前圆杆直径的确定。套螺纹前，先确定圆杆直径，直径太大，板牙不易套入；直径太小，套螺纹后螺纹牙型不完整。圆杆直径可按以下经验公式计算：

$$d_0 = d - 0.13P \hspace{4cm} (6\text{-}3)$$

式中 　d_0——圆杆直径，mm；

　　　d——螺纹公称直径，mm；

　　　P——螺距，mm。

② 圆杆端部倒角。圆杆端部倒 60° 左右的角，使板牙容易对准中心和切入，如图 6-58（a）所示。

（3）攻螺纹的操作要点及注意事项

① 每次套螺纹前，应将板牙排屑槽内及螺纹内的切屑清除干净。

② 套螺纹前，要检查圆杆直径大小和端部倒角。

③ 套螺纹时，切削转矩很大，易损坏圆杆的已加工面，所以应使用硬木制成的 V 形槽衬垫或用厚铜板作保护片来夹持工件。工件伸出钳口的长度，在不影响螺纹要求的长度的前提下，应尽量短。

④ 套螺纹时，板牙端面应与圆杆垂直，操作时用力要均匀，为使板牙切入工件，开始施加的压力要大，转动要慢。开始转动板牙时，要稍加压力，套入 3～4 牙后，可只转动而不加压，并经常反转，以便断屑，如图 6-59 所示。

⑤ 在钢制件上套螺纹时，需加切削液冷却润滑，以提高螺纹加工质量，延长板牙寿命。

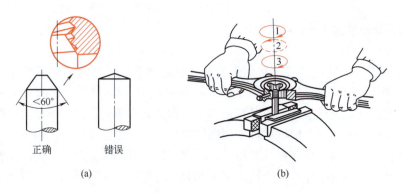

正确　　　错误

(a)　　　　　　　　　　　　(b)

图 6-59　套螺纹

笔记 ✎

6.8　装配基础知识

任何一台设备都是由许多零件组成的，将若干合格的零件按规定的技术要求组合成部件，或将若干个零件和部件组合成设备，并经过调整、试验等成为合格产品的工艺过程称为装配。例如，一辆自行车由很多零件组成，前轮和后轮就是部件。

装配是机器制造中的最后一道工序，因此它是保证机器达到各项技术要求的关键。装配工作的好坏对产品的质量起着重要的作用。

6.8.1　装配的相关基本内容

6.8.1.1　装配的组织形式

装配的组织形式随着生产纲领及产品复杂程度和技术要求的不同而不同，下面仅从生产纲领的不同来说明装配的组织形式。

（1）单件生产时装配的组织形式

单件生产时，产品几乎不重复。装配工作多在一定的地点进行，由一个或一组工人完成。这种装配的组织形式对工人技术要求高，装配周期长，生产率低。

（2）成批生产时装配的组织形式

成批生产时，装配工作通常分为部件装配和总装配。每个部件由一个或一组工人完成，然后进行总装配。这种装配工作常采用移动方式进行流水线生产，因此装配效率较高。

（3）大量生产时装配的组织形式

在大量生产中，装配过程中将产品划分为主要部件和主要组件，在此基础上进一步划分为部件、组件的装配。每一个工序只由一个工人来完成，只有当所有工人都按顺序完成了他们所操作的装配工序后，才能装配出产品。这种装配的组织形式装配质量好、效率高、生产周期短。

6.8.1.2　装配的工艺过程

（1）装配前的准备工作

① 研究和熟悉装配图的技术要求，了解产品的结构和零件的作用以及相互连接关系。

② 确定装配的方法、程序和所需的工具。

③ 领取和清洗零件。

（2）装配

装配又有组件装配、部件装配和总装配之分，整个装配过程要按次序进行。

① 组件装配。将若干零件安装在一个基础零件上构成组件。例如，减速器中的传动轴就是由轴、齿轮、键等零件装配而成的组件。

② 部件装配。将若干个零件、组件安装在另一个基础零件上构成部件（独立机构）。例如，车床的床头箱、进给箱、尾架等。

③ 总装配。将若干个零件、组件、部件组合成整台机器的操作过程称为总装配。例如，车床就是由箱体等部件和组件、零件组合而成的。

（3）装配工作的要求

① 装配时，应检查零件与装配有关的形状精度和尺寸精度是否合格，检查有无变形、损坏等，并应注意零件上各种标记，防止错装。

② 固定连接的零部件不允许有间隙。活动的零件，应能在正常的间隙下灵活均匀地按规定方向运动，不应有跳动。

③ 各运动部件（或零件）的接触表面必须保证有足够的润滑。若有油路，必须畅通。

④ 各种管道和密封部位，装配后不得有渗漏现象。

⑤ 试车前，应检查各部件连接的可靠性和运动的灵活性，并检查各操纵手柄是否灵活，手柄是否在合适的位置；试车要从低速到高速逐步进行。

6.8.1.3　装配工艺规程

装配工艺规程主要包括装配工艺规程的作用、装配工艺规程的编制、装配工艺规程的内容和编制装配工艺规程的步骤等。

6.8.2　固定连接的装配工艺

6.8.2.1　螺纹连接的装配工艺

螺纹连接是一种可拆的固定连接，它具有结构简单、连接可靠、装拆方便迅速及成本低廉等优点，因而在机械上得到普遍应用。下面介绍螺纹连接的预紧和防松。

为了达到连接紧固、可靠的目的，连接时必须施加拧紧力矩，使螺纹副产生预紧力，从而使螺纹副具有一定的摩擦力矩。

笔记 ✏

6.8.2.2　控制螺纹预紧力的方法

① 测量螺栓的伸长量。

② 转矩法。

③ 利用专门的工具。

6.8.2.3　防松装置

连接用的螺纹一般都有自锁能力，但在冲击、振动或变载荷作用下以及在温度变化较大的场合，很容易发生松脱，为了确保连接可靠，必须采取有效的防松措施。螺纹的防松装置按工作原理可分为利用附加摩擦力防松和机械法防松两大类。

① 利用附加摩擦力防松装置如图6-60所示。

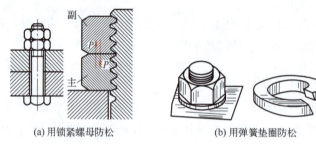

(a) 用锁紧螺母防松　　　　　　(b) 用弹簧垫圈防松

图6-60　采用附加摩擦力防松装置

② 机械法防松装置如图6-61所示。

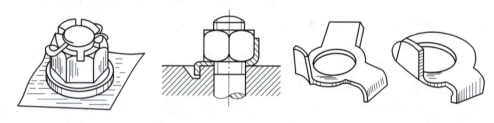

(a) 用开口销防松　　　　　　　(b) 用带耳止动垫圈防松

图6-61　机械法防松装置

6.8.2.4　键连接的装配工艺

键是用来连接轴和轴上的零件，使它们在周向固定以传递转矩的一种机械零件。键具有结构简单、工作可靠和装拆方便等优点，因此在机械上得到广泛应用。

根据键的结构特点和用途的不同，键连接可分为松键连接、紧键连接和花键连接三大类。

（1）松键连接的装配

松键连接时，键是靠键的侧面来传递转矩的，对轴上零件做周向固定，不能承受轴向力。松键连接所采用的键有普通平键、导向平键和半圆键三种。

（2）紧键连接的装配

紧键连接常用楔键连接，即键的上表面和与它相接触的轮槽底面均有 1：100 的斜度，键的侧面与键槽间有一定的间隙，如图6-62所示。装配时，将键打入而构成紧键连接。紧键连接能传递转矩，并能承受单向轴向力。

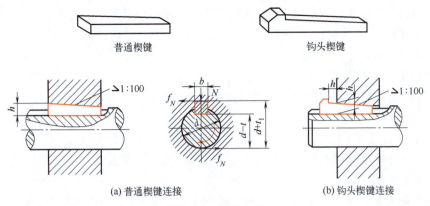

普通楔键　钩头楔键

(a) 普通楔键连接　(b) 钩头楔键连接

图 6-62　楔键连接

（3）花键连接的装配

花键连接有静连接和动连接两种方式，它的特点是轴的强度高，传递的转矩大，对中性及导向性都很好，但制造成本高，广泛应用在机床、汽车和飞机等制造业中。花键连接按齿廓形状可分为矩形花键、渐开线花键及三角形花键三种，其中矩形花键用得最广，其结构形状如图 6-63 所示。

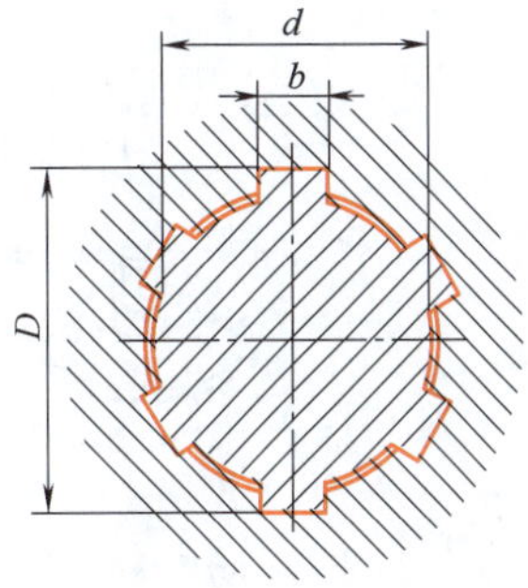

6.8.2.5　销连接的装配工艺

销连接可以起到定位、连接和保险作用，如图 6-64 所示。销结构简单、连接可靠、定位及装拆方便，在机械上应用很广泛。

图 6-63　矩形花键连接的结构形状

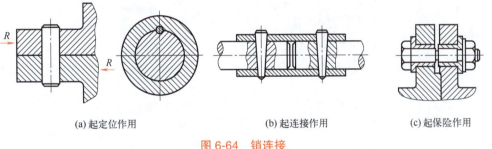

(a) 起定位作用　(b) 起连接作用　(c) 起保险作用

图 6-64　销连接

（1）圆柱销的装配

圆柱销可用来固定零件、传递动力或作定位元件。圆柱销与销孔是过盈配合，不宜多次装拆。用圆柱销定位时，为了保证连接质量，通常两孔同时钻铰，并使孔壁表面粗糙度 Ra 在 1.6μm 以下。装配时，在销上涂上机油，用铜棒垫在销的端面上，将销打入孔中。

（2）圆锥销的装配

圆锥销具有 1∶50 的锥度，定位准确，可多次装拆。装配时，被连接的两孔也应同时铰出，但必须控制孔径，孔径的大小以销能自由插入孔中 80% 的长度为宜，然后用锤敲入。

6.8.2.6　过盈连接的装配工艺

（1）过盈连接的概念

过盈连接是依靠包容件（孔）和被包容件（轴）配合后的过盈来达到紧固连接。装配

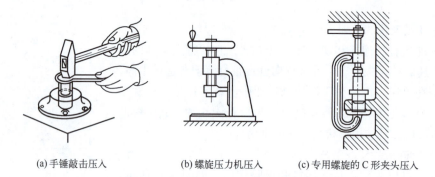

后，由于材料的弹性变形，在包容件和被包容件配合面间产生压力，依靠此压力产生的摩擦力传递转矩和轴向力。过盈连接的对中性好，承载能力强，并能承受一定的冲击力，但配合面的加工质量要求高。

（2）过盈连接的装配要点

① 装配前，应对工件进行清理，并将配合表面用油润滑，以防装配时擦伤表面。

② 压入过程应保持连续，速度不宜过快。

③ 压合时应经常用角尺检查，以保证孔与轴的中心线一致。

④ 对于细长的薄壁零件，要特别注意检查其形状偏差，装配时最好垂直压入。

（3）装配方法

常用装配方法有压入配合法、热胀法、冷缩法等。压入方法及设备如图 6-65 所示。

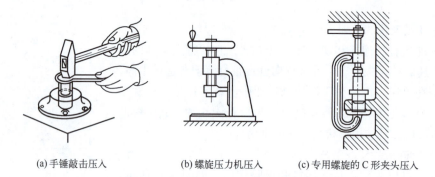

(a) 手锤敲击压入　　　(b) 螺旋压力机压入　　　(c) 专用螺旋的 C 形夹头压入

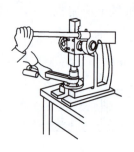

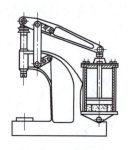

(d) 齿条压力机压入　　　(e) 气动杠杆压力机压入

图 6-65　压入方法及设备

6.8.3　轴承的装配工艺

轴承是支撑轴的部件，它引导轴的旋转运动，并承受轴传递给机架的载荷。轴承有时也用来支撑轴上的旋转零件。根据轴承工作的摩擦性质的不同，轴承可分为滑动轴承和滚动轴承两类。

6.8.3.1　滑动轴承的装配

对滑动轴承装配的要求，主要是轴颈与轴承孔之间获得所需要的间隙和良好的接触，使轴颈在轴承中运转平稳。

（1）整体式径向滑动轴承的装配

① 将轴套和轴承孔去毛刺并清理干净后，在轴套外表面或轴承孔内涂油。

② 根据轴套的尺寸和其与轴承孔的配合性质选择适当的方法，将轴套压入轴承孔内。

③ 轴套压入后，应用铰削、刮研等方法对轴套内孔进行修整，以保证轴颈与轴套间的配合。

（2）剖分式滑动轴承的装配

① 上、下轴瓦与轴承座、轴承盖应有良好的接触，同时轴瓦的台肩要紧靠座孔的两端面。

② 轴瓦在机体中，除轴向依靠台肩固定外，周向也应固定。周向的固定常用定位销来进行。

③ 为了提高配合精度，轴承孔应进行配刮。配刮多采用与其相配合的轴研点。

6.8.3.2　滚动轴承的装配

（1）装配前的准备工作

按所装的轴承准备好工具和量具，将与轴承相配合的零件去毛刺，并清理污物或清洗。

（2）滚动轴承的装配方法

滚动轴承的装配方法应根据轴的结构尺寸和轴承的配合性质确定。

① 向心轴承的装配。用装配套筒的端面同时压紧轴承的内圈和外圈，把轴承压入轴颈和轴承孔中，如果轴承与轴颈为紧配合，但轴承与轴承孔为松配合，可将轴承先压入轴颈，再装入轴承孔内，反之亦然。

② 推力角接触球轴承的装配。因为这种轴承的内、外圈可分离，可分别把内、外圈装入轴颈和轴承孔内，然后再调整间隙。

③ 推力轴承的装配。对于推力轴承，在装配时应区分紧环和松环，松环的内孔比紧环的内孔大，故紧环应靠在与轴相对静止的表面上。

6.8.4　带传动的装配工艺

带传动的装配包括带轮与传动轴的装配和传动带的安装。

（1）带轮与传动轴的装配

带轮与传动轴的连接形式如图 6-66 所示，一般采用过渡配合。

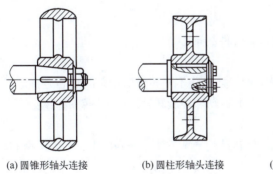
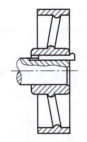

(a) 圆锥形轴头连接　　(b) 圆柱形轴头连接　　(c) 圆柱形轴头用楔键连接

图 6-66　带轮与传动轴的连接形式

安装带轮时，一般用螺旋压入工具将带轮压到轴上。安装后，应检查带轮在轴上的正确性和带轮相互位置的正确性。

（2）传动带的安装

安装传动带时，先将带套在小带轮轮槽中，然后将带用旋具拨入大带轮轮槽中，同时转

笔记 ✏

动大带轮。在安装传动带时，不宜用力过猛，以防损坏传动带。

6.8.5 旋转件的平衡

机器中的旋转件（如齿轮、带轮、飞轮及各种转子等），由于材料密度不均匀、加工或装配过程中产生误差等原因，会使旋转件的重心与旋转中心不重合，当旋转件旋转时，会产生一个离心力 F。离心力的计算式如下：

$$F = mr\left(\frac{\pi n}{30}\right)^2 \qquad (6\text{-}4)$$

式中　F——离心力，N；

　　　r——平衡量到旋转中心的距离，mm；

　　　m——不平衡量，kg；

　　　n——转速，r/min。

不平衡量所产生的离心力随着旋转而不断地改变方向，引起机械振动，降低了机器的工作精度和相关零部件的使用寿命，严重时甚至发生事故。因此，为了保证机器的运转质量，必须对转速较高或长径比较大的旋转件进行平衡，以抵消或减小不平衡离心力。

6.8.5.1　旋转件的不平衡形式

旋转件的不平衡形式可分为静不平衡和动不平衡两大类，如图 6-67 所示。

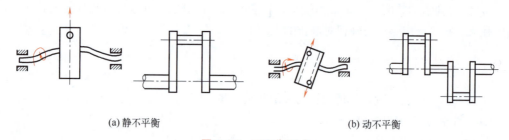

(a) 静不平衡　　　　　　　　　　　　　　(b) 动不平衡

图 6-67　不平衡形式

（1）静不平衡

静不平衡所产生的离心力通过旋转件的重心。

（2）动不平衡

旋转件在径向截面内有不平衡量，且这些不平衡量所产生的离心力将形成不平衡力矩，引起旋转件在垂直于旋转轴线方向上的振动和使旋转轴线产生倾斜的振动。

6.8.5.2　旋转件的平衡方法

相对于旋转件的不平衡形式，旋转件的平衡方法也分为两类，即静平衡和动平衡。

（1）静平衡

静平衡只能平衡旋转重心的不平衡，而无法消除不平衡力矩。静平衡是在棱形、圆柱形等平衡支架上进行的，静平衡支架如图 6-68 所示。静平衡的实质是确定旋转件上不平衡量的大小和相位。

（2）动平衡

对于长径比较大或转速较高的旋转件，在有平衡要求时，必须进行动平衡。

动平衡是在旋转件高速旋转时进行的。因为不平衡量在旋转时会产生明显的离心力，所

笔记

以，动平衡转速越高，它所能达到的平衡精度就越高。

动平衡不仅可以平衡不平衡量所产生的离心力，而且还可以平衡离心力所形成的力矩，因此动平衡也包括了静平衡。在进行动平衡之前，应先进行静平衡，以去除较为显著的不平衡量，防止进行动平衡时发生意外事故。

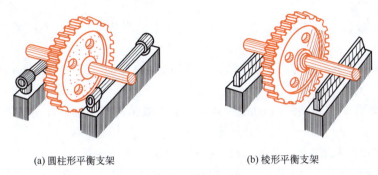

(a) 圆柱形平衡支架　　　　　　　(b) 棱形平衡支架

图 6-68　静平衡支架

6.9　典型零件加工任务

6.9.1　直角件的制作

（1）工作任务

完成如图 6-69 所示直角件的制作。

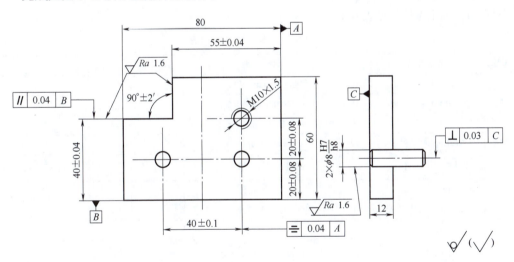

图 6-69　直角件

（2）工作准备

材料：Q235 钢板（85mm×65mm×12mm）块。

设备：钳工工作台、台虎钳、划线平台、方箱、台式钻床等。

工具：300mm 平锉、200mm 平锉、锤子、样冲、锯弓、锯条、ϕ7.8mm 麻花钻头、

直角件的制作

笔记 ✐

ϕ8.5mm 麻花钻头、ϕ8H7mm 铰刀、铰杠、M10 丝锥、ϕ8mm 圆柱销、毛刷等。

量具：游标卡尺、直角尺、万能角度尺，刀口尺、高度尺、ϕ8mm 光滑塞规、M10 螺纹塞规、磁力表座、百分表等。

其他耗材：冷却液等。

（3）任务实施

① 选择一较长平面进行锉削加工，使其达到平面度及与 C 面垂直度要求，作为基准面 B。

② 选择与基准面 B 相邻的任意一边进行锉削加工，使加工面与 C 面和 B 面垂直，并达到平面度要求，作为基准面 A。

③ 以基准面 B 为基准划出 60mm、40mm 加工线，再以基准面 A 为基准划出 80mm、55mm 加工线。

④ 用钢锯锯削去除各加工线外余料，各面留 0.5mm 加工余量。

⑤ 用 300mm 平锉粗加工各组尺寸，留 0.1mm 余量，然后用 200mm 平锉精加工 80mm、60mm、55mm、40mm 尺寸达到精度要求，并达到形位公差和粗糙度要求。

⑥ 以基准面 B 为基准划出 20mm、40mm 加工线，再以基准面 A 为基准划出 20mm、60mm 加工线，得到两个 ϕ8mm 孔和一个 M10 螺纹孔的十字线作为孔中心，并利用锤子和样冲在孔的中心位置打样冲眼。

⑦ 利用台式钻床和钻头钻相应的孔。

⑧ 利用铰杠和铰刀铰削两个 ϕ8mm 孔。

⑨ 利用铰杠和丝锥攻 M10 内螺纹。

⑩ 将各边倒棱、去毛刺，完成直角件的制作。

（4）质量检验

直角件加工考核表见表 6-6。

表 6-6　直角件加工考核表

序号	考核内容	配分	评分标准	检测结果	得分	质量原因分析
1	（55 ± 0.04）mm	10	每超 0.02mm，扣 2 分			
2	（40 ± 0.04）mm	10	每超 0.02mm，扣 2 分			
3	90° ± 2′	8	每超 2′，扣 2 分			
4	Ra1.6μm（2 处）	12	降级不得分			
5	≡ 0.04 A	6	每超 0.02mm 扣 2 分			
6	（40 ± 0.1）mm	4	超差不得分			
7	（20 ± 0.08）mm 2 处	4	超差不得分			
8	ϕ8H7mm 2 处	10	超差不得分			
9	⊥ 0.03 C	6	每超 0.02mm 扣 2 分			
10	M10	4	尺寸不合格或烂牙不得分			
11	∥ 0.04 B	6	每超 0.02mm 扣 2 分			
12	安全文明生产	20	违反安全操作和文明生产规程，酌情扣 1 ～ 20 分			
13	合计					

6.9.2 凸形块的制作

（1）工作任务

完成如图 6-70 所示凸形块的制作。

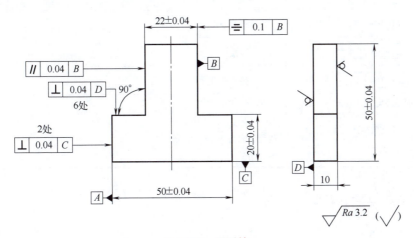

图 6-70 凸形块

凸形块的制作

（2）任务准备

材料：Q235 钢板（52mm×52mm×10mm）一块。

设备：钳工工作台、台虎钳、划线平台、方箱、台式钻床等。

工具：300mm 平锉、200mm 平锉、锯弓、锯条、毛刷等。

量具：游标卡尺、刀口角尺、高度尺、磁力表座、百分表等。

其他耗材：冷却液等。

（3）任务实施

① 按照图纸上的标注加工出一基准面 C，保证其自身的平面度要求及与基准面 D 的垂直度要求。

② 加工 A 面，定位另一基准，保证与 C 面的垂直度、平面度及与基准面 D 的垂直度。

③ 划出锉削加工线。以 C 面为基准划出 20mm、50mm 加工线；再以 A 面为基准依次划出 14mm（计算得来）、36mm（计算得来）、50mm 加工线。

④ 按照划出的加工线去料。为了保证对称度的要求，先锯下右边的余料，再进行锉削，保证平行度、平面度和垂直度要求。根据 50mm 处的实际尺寸，控制距 A 基准面 36mm 尺寸的误差值。

⑤ 锯下左边的余料，并加工（22±0.04）mm 及（20±0.04）mm 达到要求。

⑥ 将各边倒棱、去毛刺，完成凸形块的制作。

（4）质量检验

凸形块加工考核表见表 6-7。

表 6-7 凸形块加工考核表

序号	考核内容	配分	评分标准	检测结果	得分	质量原因分析
1	（50±0.04）mm	10	每超 0.02mm 扣 2 分			
2	（20±0.04）mm	10	每超 0.02mm 扣 2 分			

序号	考核内容	配分	评分标准	检测结果	得分	质量原因分析
3	（22±0.04）mm	10	每超 0.02mm 扣 2 分			
4	⊜ 0.1 B	10	每超 0.02mm 扣 2 分			
5	∥ 0.04 B	10	超差不得分			
6	⊥ 0.04 C	10	超差不得分			
7	⊥ 0.04 D	10	超差不得分			
8	表面粗糙度 Ra3.2μm	10	每降一级，扣 2 分			
9	安全文明生产	20	违反安全操作和文明生产规程，酌情扣 1～20 分			
10	合计					

6.9.3 凹形块的制作

凹形块的
制作

笔记 ✏

（1）工作任务

完成如图 6-71 所示凹形块的制作。

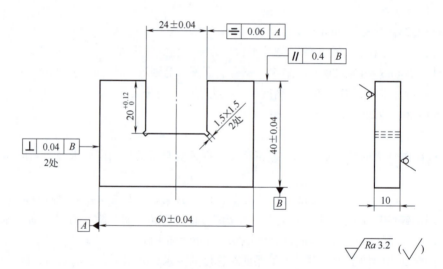

图 6-71　凹形块

（2）工作准备

材料：Q235 钢板（62mm×42mm×10mm）块。

设备：钳工台案、台虎钳、划线平台、方箱、台式钻床等。

工具：300mm 平锉、200mm 平锉、150mm 三角锉、150mm 方锉、锤子、阔錾、样冲、锯弓、锯条、φ3.5mm 麻花钻头、毛刷等。

量具：游标卡尺、直角尺、刀口角尺、高度尺等。

其他耗材：冷却液等。

（3）任务实施

① 按照图纸上的标注加工出一基准面 B，保证它的平面度要求及与侧面的垂直度。

② 加工 A 面，保证其与基准 B 面的垂直度、平面度及与侧面的垂直度。

③ 划出各组加工界限。先以 B 面为基准划出 20mm、40mm 加工线，再以 A 面为基准划出 18mm、24mm、60mm 尺寸线。

④ 先通过如图 6-72 所示的钻排孔去除凹槽底部的材料，再锯削凹槽两侧边，借助錾削去除凹形部分的材料。

⑤ 锉削凹槽及外部各组尺寸，达到图纸要求的尺寸公差、形状公差、位置公差及粗糙度。

⑥ 将各边倒棱，去毛刺，完成凹形块的加工。

（4）质量检验

凹形块加工考核表见表 6-8。

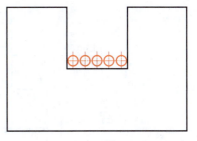

图 6-72　去除凹槽底部的材料

表 6-8　凹形块加工考核表

序号	考核内容	配分	评分标准	测量结果	得分	质量原因分析
1	（60 ± 0.04）mm	10	每超 0.02mm 扣 2 分			
2	（40 ± 0.04）mm	10	每超 0.02mm 扣 2 分			
3	（24 ± 0.04）mm	10	每超 0.02mm 扣 2 分			
4	$20^{+0.12}_{0}$ mm	10	每超 0.02mm 扣 2 分			
5	∥ 0.4 B	10	超差不得分			
6	⊥ 0.04 B	10	超差 0.04mm 不得分			
7	≡ 0.06 A	10	超差 0.04mm 不得分			
8	粗糙度 Ra3.2μm	10	每降一级扣 5 分			
9	安全文明生产	20	违反安全操作和文明生产规程，酌情扣 1～20 分			
10	合计					

6.9.4　凹凸件的制作

（1）工作任务

完成如图 6-73 所示凹凸件的配制作。

（2）任务准备

① 材料：Q235 钢板（82mm×54mm×8mm）块。

② 设备：钳工台案、台虎钳、划线平台、方箱、台式钻床等。

③ 工具：300mm 平锉、200mm 平锉、150mm 三角锉、150mm 方锉、锤子、阔錾、样冲、锯弓、锯条、φ4mm 麻花钻头、φ3mm 麻花钻头、毛刷等。

④ 量具：游标卡尺、直角尺、刀口尺、高度尺等。

（3）任务实施

① 按图纸要求制作 52mm×80mm×8mm 长方体，锉削基准面 A 和 B，保证与 C 面的垂直度、A 面与 B 面的垂直度和自身平面度。再锉削其他两个面，达到尺寸公差及形位公差要求。

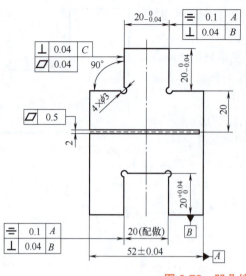
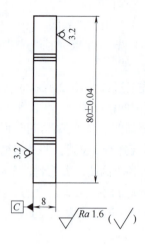
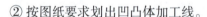

图 6-73　凹凸件

② 按图纸要求划出凹凸体加工线。

③ 钻 4 处 ϕ3mm 工艺孔，用 ϕ4mm 钻头钻凹槽排孔。

④ 加工凸形面。

⑤ 按划线锯除垂直一角，粗、精锉削两垂直平面。根据 80mm 实际尺寸，通过控制纵向 60mm 的尺寸误差保证纵向 $20_{-0.04}^{\ 0}$ mm 的尺寸要求；同样，根据 52mm 处的实际尺寸，通过控制 36mm（计算得来）的尺寸误差值在保证横向 $20_{-0.04}^{\ 0}$ mm 的同时，控制其对称度在 0.1mm 之内。

⑥ 按划线锯除另一角，根据 80mm 实际尺寸，通过控制 60mm 的尺寸误差保证纵向 $20_{-0.04}^{\ 0}$ mm 的尺寸要求；直接锉削横向 20mm 尺寸，达到 $20_{-0.04}^{\ 0}$ mm 尺寸要求。

⑦ 加工凹形槽。

⑧ 用 ϕ4mm 钻头钻凹槽排孔，锯削凹形槽两侧边到槽底部，借助錾子錾削掉凹形槽内方块，然后用三角锉或方锉粗锉凹形槽 3 个表面。

⑨ 精锉凹形槽底面，根据 80mm 实际尺寸，通过控制 60mm 的尺寸误差值（本处与凸形面的两垂直面一样控制尺寸）从而保证达到与凸形件端面的配合精度要求。

⑩ 精锉两侧垂直面，两面同样根据外形 52mm 和凸形面 20mm 的实际尺寸，通过控制 20mm 的尺寸误差值从而保证达到与凸形面 20mm 的配合精度要求，同时也能保证其对称度精度在 0.1mm 以内。

⑪ 各棱边倒角、去毛刺。

⑫ 以 B 基准边为基准划 40mm 线，进行锯削，注意锯缝保持平直，留 2mm 不锯削。

（4）质量检验

凹凸件加工考核表见表 6-9。

表 6-9　凹凸件加工考核表

序号	考核内容	配分	评分标准	测量结果	得分	质量原因分析
1	（80 ± 0.04）mm	8	超差不得分			
2	（52 ± 0.05）mm	8	超差不得分			
3	$20_{-0.04}^{\ 0}$ mm 3 处	24	超差不得分			

序号	考核内容	配分	评分标准	测量结果	得分	质量原因分析
4	$20^{+0.04}_{0}$ mm	8	超差不得分			
5	▱ 0.04	3	超差不得分			
6	▱ 0.5	3	超差不得分			
7	≡ 0.1 A 2处	8	超差不得分			
8	⊥ 0.04 B 2处	8	超差不得分			
9	⊥ 0.04 C	4	超差不得分			
10	粗糙度 Ra1.6μm，12 处	6	降一级不得分			
11	安全文明生产	20	违反安全操作和文明生产规程，酌情扣 1 ～ 20 分			
12	合计					

6.9.5　圆弧凹凸件的制作

（1）工作任务

完成如图 6-74 所示圆弧凹凸件的制作。

圆弧凹凸件
的锉配加工

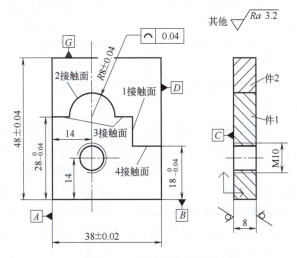

图 6-74　圆弧凹凸件零件

（2）任务准备

① 材料：Q235 钢板（40mm×40mm×8mm）两块。

② 设备：钳工台案、台虎钳、划线平台、方箱、台式钻床等。

③ 工具：300mm 平锉、200mm 平锉、300mm 圆锉、150mm 半圆锉、锤子、样冲、锯弓、锯条、φ8.5mm 麻花钻头、M10 丝锥、铰杠、划规、毛刷、油壶等。

④ 量具：游标卡尺、刀口尺、M10 螺纹塞规、7 ～ 14.5mm 半径规、高度尺等。

（3）任务实施

① 制作件 1。

a. 锉削 A、B 两个基准边，使 A、B 两面垂直，A、B 两面分别与 C 基准面垂直，并保证

A、B 两面的垂直度和粗糙度。

　　b. 以 A 基准面为基准划 6mm（圆弧左端距工件左端尺寸，计算得来）、14mm（圆心及钻孔中心距左端尺寸）、22mm（圆弧左端距工件右端尺寸，计算得来）、28mm、38mm 线；以 B 基准面为基准划 14mm、18mm、28mm、36mm 线（圆弧上端距工件下端尺寸，计算得来）。

　　c. 在圆弧中心位置（14mm 与 28mm 线交点）、圆弧左端点（6mm 与 28mm 线交点）、圆弧右端点（22mm 与 28mm 线交点）、圆弧上端点（14mm 与 36mm 线交点）、螺纹中心点（14mm 与 14mm 线交点）位置打样冲眼。

　　d. 用划规划 R8mm 圆弧。将划规一针脚放入圆弧中心样冲眼内，另一针脚放入圆弧左、右、上任一端点样冲眼内，划 R8mm 半圆，这样既能保证圆弧尺寸合适，也能保证圆弧位置度，圆弧中心不会偏离。

　　e. 锯锉各形面，借助游标卡尺、刀口尺、R 规等量具测量，使之达到图纸尺寸要求。

　　f. 钻孔、攻 M10 内螺纹，用螺纹塞规检测是否合格。

　　② 制作件 2。

　　a. 锉削 D、G 两基准边，保证 D、G 两面相垂直，D、G 两个面的平面度和粗糙度，以及两面分别与基准面 C 的垂直度。

　　b. 以 D 基准面为基准划 10mm（计算得来）、16mm（圆弧最右端点，计算得来）、24mm（圆弧中心计算得来）、32mm（圆弧最左端点，计算得来）、38mm 尺寸线；以 G 基准面为基准划 30mm（计算得来）、20mm（计算得来）、12mm 线（圆弧最上端点，计算得来）。

　　c. 在圆弧中心、最左端点、最右端点、最上端点 4 处打样冲眼，再用划规划 R8mm 圆弧，方法同制作件 1 划圆弧方法一样。

　　d. 按划线位置锯、锉、测量各部分，直至各部分尺寸合格。

　　③ 件 2 与件 1 锉配。

　　a. 锉配件 1、件 2 第 1 接触面，保证配合后尺寸为（38±0.02）mm。

　　b. 保持两个工件第 1 接触面接触，件 2 由上向下移动，配合件 1，向下移动过程中第 2 接触面先接触，此时锉修件 2 内圆弧面，使之与件 1 配合的间隙逐渐减小。

　　c. 件 2 由上向下配合件 1 过程中，圆弧间隙减小的同时，第 3 接触面和第 4 接触面间隙随之减小，此时第 3 接触面和第 4 接触面若有障碍，需修正件 2 上两个接触面上的凸起部分，使接触间隙逐渐减小，最终使（48±0.04）mm 配合尺寸达到合格。

　　d. 工件棱边去毛刺，完成工件制作。

　　（4）质量检验

　　圆弧凹凸件加工考核表见表 6-10。

笔记

表 6-10　圆弧凹凸件加工考核表

序号	考核内容	配分	评分标准	测量结果	得分	质量原因分析
1	（38±0.02）mm	8	每超差 0.01mm 扣 2 分；超差 0.03mm 以上不得分			
2	$28_{-0.03}^{0}$ mm	8	超差不得分			
3	$18_{-0.03}^{0}$ mm	5	每超差 0.01mm 扣 2 分；超差 0.03mm 以上不得分			
4	$28_{-0.05}^{0}$ mm	5	每超差 0.01mm 扣 2 分；超差 0.03mm 以上不得分			

序号	考核内容	配分	评分标准	测量结果	得分	质量原因分析
5	（R8±0.03）mm	5	每超差 0.01mm 扣 2 分；超差 0.03mm 以上不得分			
6	（48±0.04）mm	4	超差不得分			
7	Ra3.2μm 10 处	10	超差 1 处扣 1 分			
8	M10	5	不符合要求不得分			
9	14mm 2 处，按 IT14 要求	4	超差不得分			
10	间隙≤0.08mm 4 处	10	每超差 0.01mm 扣 2 分；超差 0.02mm 以上不得分			
11	间隙≤0.1mm	4	每超差 0.01mm 扣 2 分；超差 0.02mm 以上不得分			
12	两侧错位量 ≤0.06mm	4	1 侧每超差 0.02mm 扣 2 分；超差 0.04mm 以上不得分			
13	（48±0.03）mm	8	每超差 0.01mm 扣 2 分；超差 0.04mm 以上不得分			
14	安全文明生产	15	每违反一项规定，从总分中扣 2 分；发生重大事故者，取消考试资格			
15	考件局部无缺陷	5	酌情扣 1～5 分，严重者扣 30 分			
16			合计			

6.9.6　鸭嘴锤的制作

（1）工作任务

完成如图 6-75 所示鸭嘴锤的制作。

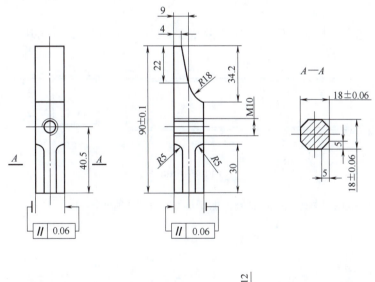

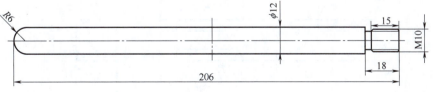

图 6-75　鸭嘴锤

鸭嘴锤的制作

笔记

141

（2）任务准备

① 材料：Q235 钢板（20mm×20mm×125mm）一块、Q235 钢棒（φ12mm×210mm）一根。

②设备：钳工台案、台虎钳、划线平台、方箱、台式钻床等。

③工具：300mm 平锉、200mm 平锉、300mm 圆锉、200mm 半圆锉、锤子、样冲、锯弓、锯条、φ8.5mm 麻花钻头、M10 丝锥、铰杠、毛刷、油壶等。

④量具：游标卡尺、刀口角尺、M10 螺纹塞规、15～25mm 半径规、高度尺等。

（3）任务实施

① 材料准备。参考图 6-76 所示尺寸准备材料。

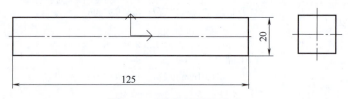

图 6-76　准备材料的尺寸

② 划线、锯削、锉削，加工上、下底面，将方钢料做成图 6-77 所示尺寸。

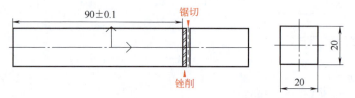

图 6-77　加工后的方钢料

③ 划线、锉削，加工四面，将方钢料做成 18mm×18mm×90mm 的方块，如图 6-78 所示。

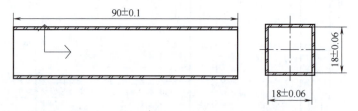

图 6-78　18mm×18mm×90mm 方块

④ 划线、锉削，做锤子八棱部分，加工成如图 6-79 所示零件。

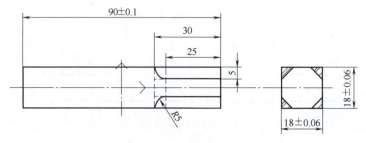

图 6-79　加工锤子八棱部分

⑤ 划线、锯削、锉削，做锤头的鸭嘴部分，完成如图 6-80 所示的加工。

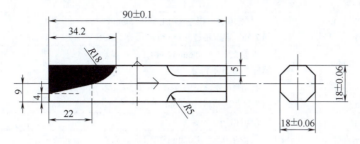

图 6-80　加工锤头的鸭嘴部分

⑥ 划线、打冲样、钻孔、攻螺纹，完成锤头加工，如图 6-81 所示。

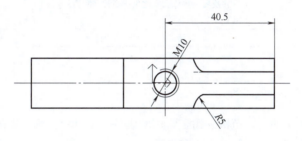

图 6-81　加工锤头

⑦ 利用车床车削锤柄套螺纹端，倒角、切槽，利用板牙手工套螺纹，完成锤柄加工，如图 6-82 所示。

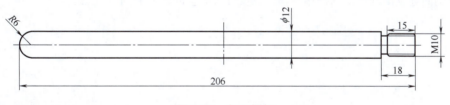

图 6-82　加工锤柄

⑧ 将锤头与锤柄装配在一起，完成鸭嘴锤，如图 6-83 所示。

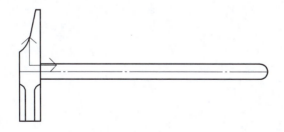

图 6-83　装配后的鸭嘴锤

（4）质量检验

鸭嘴锤加工考核表见表 6-11。

笔记 ✎

表 6-11　鸭嘴锤加工考核表

序号	考核内容	配分	评分标准	检测结果	得分	质量原因分析
1	（18±0.06）mm 2 处	20	每处 10 分。误差在 0.1～0.15mm 内扣 2 分；误差超过 0.15mm 不得分			
2	（90±0.1）mm	10	误差在 0.5～0.6mm 内扣 2 分；误差超过 0.6mm 不得分			
3	平行度 0.06mm 2 处	20	每处 10 分。误差在 0.1～0.2mm 内扣 2 分；误差超过 0.2mm 不得分			
4	M10	10	酌情扣分			
5	攻螺纹垂直度 0.5mm	10	误差在 0.5～1.0mm 内扣 2 分；误差超过 1.0mm 不得分			
6	套螺纹垂直度 0.5mm	10	误差在 0.5～1.0mm 内扣 2 分；误差超过 1.0mm 不得分			
7	安全文明生产	20	违反安全操作和文明生产规程，酌情扣 1～20 分			
8	合计					

【学习小结】

　　本部分介绍了钳工的工作范围、钳工常用的设备、工具；锯削、锉削、孔加工等钳工基本操作工艺，以及典型零件的加工方法和步骤。

【思考题】

　　分别简述锯削和锉削的操作要领，以及分析质量问题的原因。

笔记

数控车加工

 思维导图

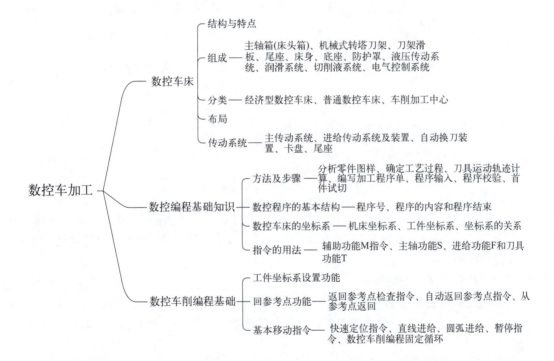

7.1 数控车床

数控车床是采用数控系统的车床,将编制好的加工程序输入数控系统中,由数控系统通过车床 X、Z 坐标轴的伺服电动机去控制车床进给运动部件的动作顺序、移动量和进给速度,再配以主轴的转速和转向,车床便能加工出各种形状的轴类或盘类回转体零件。数控车床是目前使用较为广泛的机床。

7.1.1 数控车床的结构与特点

数控车床一般是由车床主体、数控装置、伺服系统和辅助装置组成。总体来说，除部分专门设计的全功能数控车床外，数控车床的车床主体大多虽经改进，但仍基本保持了普通车床的布局结构，即由床身、主轴箱、进给传动系统、刀架、液压系统、冷却系统及润滑系统等部分组成。全功能数控机床大多采用机、电、液、气一体化设计和布局，采用全封闭或半封闭防护。图 7-1 所示为 CK6136 型数控车床的外形与组成部件。

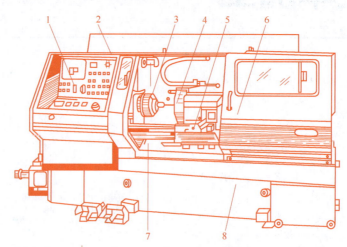

图 7-1　CK6136 型数控车床的外形与组成部件

1—操作面板；2—主轴箱；3—卡盘；4—转塔刀架；5—刀架滑板；6—防护罩；7—导轨；8—床身

7.1.1.1 数控车床的组成

数控车床主要由以下部件组成。

（1）主轴箱

主轴箱固定在床身的最左边，在数控操作面板之后。在主轴箱中的主轴上通过卡盘等夹具装夹工件。主轴箱的功能是支承主轴并传递运动，使主轴带动工件按照规定的转速旋转，以实现机床的主运动。

（2）机械式转塔刀架

机械式转塔刀架安装在机床的刀架滑板上，在它上面可安装 8 把刀具，加工时可实现自动换刀。刀架的作用是装夹车刀、孔加工刀具及螺纹刀具，并在加工时能准确、迅速选择刀具。

（3）刀架滑板

刀架滑板由纵向（Z 向）滑板和横向（X 向）滑板组成。纵向滑板安装在床身导轨上，沿床身实现纵向（Z 向）运动；横向滑板安装在纵向滑板上，沿纵向滑板上的导轨实现横向（X 向）运动。刀架滑板的作用是实现安装在其上的刀具在加工中的纵向进给和横向进给运动。

（4）尾座

尾座安装在床身导轨上，并可沿导轨纵向移动来调整位置。尾座的作用是安装顶尖以定位和支承工件，在加工中起辅助支承作用。

（5）床身

床身固定在机床底座上，是机床的基本支承件，在床身上安装着车床的各主要部件。床身的作用是支承各主要部件并使它们在工作时保持准确的相对位置。

（6）底座

底座是车床的基础，用于支承机床的各部件、连接电气柜、支承防护罩和安装排屑装置。

（7）防护罩

防护罩安装在机床底座上，用于加工时保护操作者的安全和保护环境的清洁。

（8）机床液压传动系统

机床液压传动系统用于实现机床上的一些辅助运动，主要是机床主轴的变速、尾座套筒的移动及工件自动夹紧机构的动作。

（9）机床润滑系统

机床润滑系统为机床运动部件提供润滑和冷却。

（10）机床切削液系统

机床切削液系统为机床加工提供充足的切削液，以满足切削加工的要求。

（11）机床电气控制系统

机床电气控制系统主要由数控系统（包括数控装置、伺服系统及可编程控制器）、机床强电气控制系统组成。机床电气控制系统用于实现机床的自动控制。

7.1.1.2 数控车床的结构特点

与普通车床相比，数控车床的结构有以下特点。

① 进给传动系统传动链短　普通车床的主轴运动经过交换齿轮架、进给箱、溜板箱传到刀架实现其纵向和横向进给运动。而数控车床采用伺服电动机直接与丝杠连接来带动刀架运动，或者伺服电动机经同步齿形带或齿轮副带动丝杠旋转来控制刀架运动。

② 主传动系统采用无级变速的形式　主传动系统采用交流调速电动机或直流调速电动机驱动，这样能方便地实现无级变速，且传动链短，电动机与主轴之间不必用多级齿轮副来进行变速。为扩大变速范围，一般还要通过二级齿轮副实现分段无级调速。即使这样，主轴箱内的结构也比传统车床简单得多。

③ 进给传动拖动轻　数控车床的刀架移动一般采用滚珠丝杠副，可减少摩擦，提高传动效率。

④ 导轨耐磨性好　数控车床一般采用镶钢导轨，这样车床精度保持的时间就比较长，其使用寿命也可延长许多。

⑤ 安装有防护罩　数控车床一般都安装了防护罩，加工时一般都处于全封闭或半封闭状态。

⑥ 数控车床一般还配有自动排屑装置。

7.1.2 数控车床的分类

随着数控车床制造技术的不断发展，形成了产品繁多、规格不一的局面，一般按照数控系统的功能分类。

① 经济型数控车床　经济型数控车床是指采用步进电动机和单片机对普通车床的进给系统进行改造后形成的简易数控车床，成本较低，但自动化程度和功能都比较差，车削加工精度也不高，适用于要求不高的回转类零件的车削加工。

笔记 ✏

② 普通数控车床　是指根据车削加工要求在结构上进行专门设计并配备通用数控系统的数控车床。这类车床分辨率高，进给速度快（一般在 15m/min 以上），进给多半采用半闭环直流或交流伺服系统，机床精度也相对较高，多采用 CRT 显示，有图形显示、人机对话、自动诊断等功能，适用于一般回转类零件的车削加工。

③ 车削加工中心　其在普通数控车床的基础上，增加了 C 轴和铣削动力头。更高级的数控车床带有刀库，可控制 X、Z 和 C 三个坐标轴，联动控制轴可以是（X、Z）、（X、C）或（Z、C）。由于增加了 C 轴和铣削动力头，这种数控车床的加工能力大大增强，除可以进行一般的车削外，还可以进行径向和轴向铣削、曲面铣削、中心线不在零件回转中心的孔和径向孔的钻削等加工。

7.1.3　数控车床的布局

数控车床布局形式受到工件尺寸、工件质量及形状、车床生产率、车床精度、操作方便的要求以及安全与环境保护的要求等方面的影响。因工件尺寸、质量和形状的不同，数控车床有卧式车床、落地式车床、单柱立式车床、双柱立式车床和龙门移动式立式车床等形式，如图 7-2 所示。

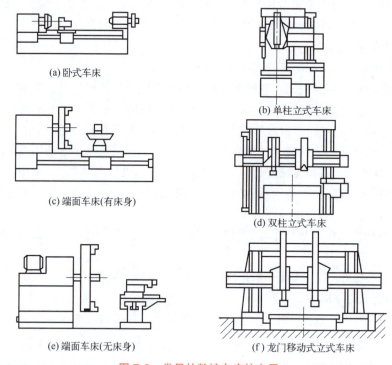

(a) 卧式车床

(b) 单柱立式车床

(c) 端面车床(有床身)

(d) 双柱立式车床

(e) 端面车床(无床身)

(f) 龙门移动式立式车床

图 7-2　常见的数控车床的布局

在卧式数控车床的布局中，数控车床的主轴、尾座等部件相对床身的布局形式与普通车床基本一致，而刀架和导轨的布局形式有很大变化，其直接影响着数控车床的使用性能及车床的结构和外观。考虑车床和刀具的调整、工件的装卸、车床操作的方便性以及车床的加工精度，并且还考虑排屑和抗振性，导轨宜采用倾斜式。在图 7-3 所示的卧式数控车床的布局形式中，以前斜床身（斜导轨）- 平滑板式为最佳布局形式。此外，出于对安全的要求和对环境的保护，数控车床上一般都设有封闭的防护装置，将车床加工区全部封闭起来。

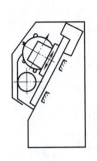 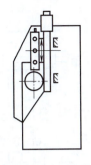 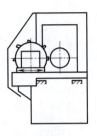 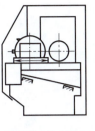 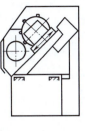

(a) 后斜床身-斜滑板 (b) 直立床身-直立滑板 (c) 平床身-平滑板 (d) 前斜床身-平滑板 (e) 平床身-斜滑板

图7-3 数控卧式车床的布局形式

7.1.4 数控车床的传动系统

在数控车床上有三种传动系统，这就是主传动系统、进给传动系统和辅助传动系统。每种传动系统的组成和特点各不相同，它们一起组成了数控车床的传动系统。

7.1.4.1 主传动系统

数控车床的主运动要求速度在一定范围内可调、有足够的驱动功率、主轴回转轴线的位置准确稳定，并有足够的刚性与抗振性。

数控车床主轴的变速是按照加工程序指令自动进行的。为了确保车床主传动的精度，降低噪声，减小振动，主传动链要尽可能地缩短；为了满足不同的加工工艺要求，并能获得最佳切削速度，主传动系统应能大范围无级变速；为了保证端面加工的生产率和加工质量，还应能实现恒切削速度控制。主轴应能配合其他部件实现工件的自动装夹。

7.1.4.2 进给传动系统及装置

进给传动是指在车床上驱动刀架实现纵向（Z向）和横向（X向）运动的传动。工件最后的尺寸精度和轮廓精度都直接受进给运动的传动精度、灵敏度和稳定性的影响，因此，数控车床的进给系统应充分注意减小摩擦力，提高传动精度和刚性，消除传动间隙，以及减小运动件的惯量等。

7.1.4.3 数控车床的自动换刀装置

（1）排刀式刀架

排刀式刀架一般用于小型数控车床，在以加工棒料为主的车床上较为常见。它的结构形式为夹持着各种不同用途的刀具的刀夹沿着车床的 X 轴方向排列在横向滑板或快换台板上。刀具典型布置方式如图7-4所示。这种刀架的特点之一是刀具布置和车床调整都较方便，可以根据工件的车削工艺要求，任意组合各种不同用途的刀具。在一把刀完成车削任务后，横向滑板只要按程序沿 X 轴方向移动预先设定的距离，下一把刀就会到达加工位置，这样就完成了车床的换刀动作。这种换刀方式迅速、省时，有利于提高车床的生产率。

（2）转塔式刀架

转塔式刀架是数控车床普遍采用的刀架形式，它用转塔头和刀座安装各种不同用途的刀具，通过转塔头的旋转、分度、定位来实现车床的自动换刀。转塔刀架分度准确，定位可靠，重复定位精度高，转位速度快，夹紧刚性好，可以保证数控车床加工的高精度和高效率。

笔记 ✏

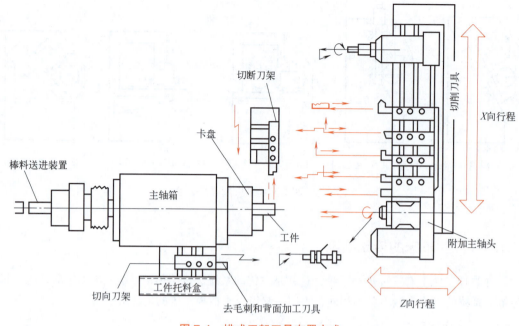

图7-4　排式刀架刀具布置方式

转塔式刀架分为立式和卧式两种，立式转塔刀架的回转轴与车床主轴成垂直布置，工位数有四工位与六工位两种（图7-5），其结构比较简单，经济型数控车床多采用这种刀架。

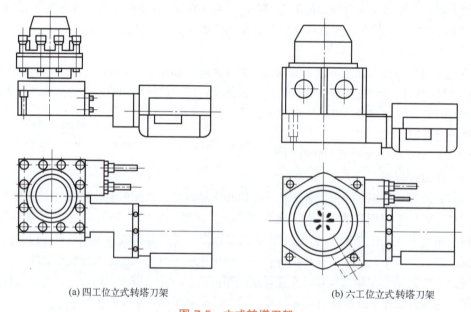

(a) 四工位立式转塔刀架　　　　　　(b) 六工位立式转塔刀架

图7-5　立式转塔刀架

卧式转塔刀架的回转轴与机床主轴平行，可以在其径向与轴向安装刀具。径向刀具多用作外圆柱面及端面加工；轴向刀具多用作孔加工。卧式转塔刀架的工位数最多可达20个，但最常用的有8、10、12、14四种工位数。刀架回转及松开、夹紧的动力有全电动、全液压、电动回转松开碟形弹簧夹紧、电动回转液压松开夹紧。刀位计数有用行程开关（或接近开关）组合计数的，但以用光电编码器的为多。转塔刀架机械结构复杂，使用中故障率相对较高，因此，在选用及使用维护上，要给予足够重视。此外，有的刀架还设有动力刀夹，可用于车削中心对各种复杂形面进行铣、钻、镗等加工。

图7-6所示为数控车床的一种卧式转塔刀架，其转位换刀过程为：当接收到数控系统的换刀指令后，刀盘松开→刀盘旋转到指令要求的刀位→刀盘夹紧并发出转位结束信号。

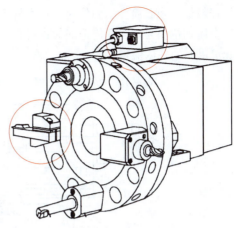

图7-6　卧式转塔刀架

7.1.4.4　卡盘

为了缩短工件装夹时间和减轻劳动强度，适应自动化和半自动加工的需要，数控车床多采用动力卡盘装夹工件，目前使用较多的是自动定心、液压（或气动）动力的卡盘。图7-7所示为数控车床上常采用的一种液压驱动动力自动定心卡盘，卡盘3用螺钉固定在主轴前端，液压缸5固定在主轴后端，通过改变液压缸左右腔的通油状态，使活塞杆4带动卡盘内的驱动爪1驱动卡爪2夹紧或松开工件，并通过行程开关6和7发出相应信号。

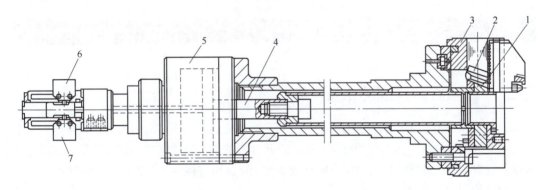

图7-7　液压驱动动力自动定心卡盘

1—驱动爪；2—卡爪；3—卡盘；4—活塞杆；5—液压缸；6, 7—行程开关

7.1.4.5　尾座

数控车床的液压尾座一般在加工长轴类零件时会用到，一般有手动尾座和可编程尾座两种。尾座套筒的动作与主轴互锁，即在主轴转动时，按动尾座套筒退出按钮，套筒不动作，只有在主轴停止状态时，尾座套筒才能退出，从而保证安全。

CK6136型数控车床出厂时配置了标准尾座，图7-8所示为尾座结构简图。尾座体的移动由滑板带动实现。尾座体移动后，由手动控制的液压缸将其锁紧在床身上。

在调整机床时，可以手动控制尾座套筒移动。顶尖1与尾座套筒用锥孔连接，尾座套筒可以带动顶尖一起移动。在机床自动工作循环中，可通过加工程序由数控系统控制尾座套筒的移动。当数控系统发出尾座套筒伸出的指令后，液压电磁阀动作，压力油通过活塞杆4的内孔进入套筒液压缸2的左腔，推动尾座套筒伸出。当数控系统指令其退回时，压力油进入套筒液压缸的右腔，从而使尾座套筒退回。尾座套筒移动的行程，靠调整套筒外部连接的行程杆9上面的移动挡块5来完成。图7-8中所示移动挡块的位置在右端极限位置时，套筒的

笔记 ✎

行程最长。当套筒伸出到位时，行程杆上的移动挡块 5 压下行程开关 7，向数控系统发出尾座套筒到位信号。当套筒退回时，行程杆上的固定挡块 6 压下行程开关 8，向数控系统发出套筒退回的确认信号。

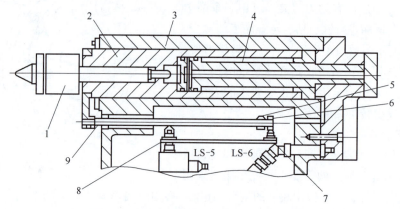

图 7-8　CK6136 型数控车床尾座结构简图

1—顶尖；2—套筒液压缸；3—尾座体；4—活塞杆；5—移动挡块；6—固定挡块；7，8—行程开关；9—行程杆

7.2　数控编程基础知识

7.2.1　数控程序编制的方法及步骤

数控机床加工是根据事先编写好的加工程序自动完成的。程序编制的过程就是把加工工件所需的数据和信息，如工件的材料、形状、尺寸、精度、加工路线、切削用量、数值计算数据等按数控系统规定的格式和指令编写成加工程序，再将程序录入数控系统的过程。

程序编制的一般过程如下。

（1）分析零件图样，确定加工方案

根据零件的材料、形状、尺寸、精度、毛坯形状和热处理要求等确定加工方案。

（2）确定工艺过程

确定工艺过程包括确定工件的定位基准、选用夹具、确定对刀方式、选择对刀点、制定进给路线、确定加工余量和切削参数等。

（3）刀具运动轨迹计算（数学处理）

工艺过程确定后，根据零件的几何尺寸、加工路线计算数控机床所需的输入数据。数控系统一般都具有直线插补和圆弧插补功能，所以，对于由直线和圆弧组成的较简单的零件，只需计算出零件轮廓的相邻几何元素的交点或切点（称为基点）的坐标值；对于较复杂的零件或零件的几何形状与数控系统的插补功能不适配时，就需要进行较为复杂的数值计算。例如非圆曲线，需要用直线段或圆弧段来逼近，以计算出相邻逼近直线段或圆弧的交点或切点（称为节点）的坐标值，编制程序时要输入这些数据。

（4）编写加工程序单

完成工艺确定与运动轨迹计算后，根据计算出的运动轨迹坐标值和已确定的加工顺序、加工路线、切削参数和辅助动作，按所使用的数控系统的指令、程序格式编写加工程序单。

（5）程序输入

编好的程序可以通过几种方式输入数控系统：可以按规定的格式存入计算机，通过串口输入到数控系统；可以通过操作面板的按键将程序输入数控系统；如果是专用计算机编写的程序或用通用计算机辅助编写的程序，可以通过通信接口，直接传入数控系统。

（6）程序校验

正式加工前，需要对程序进行校验。一般采用空走刀校验：在不装夹工件的情况下启动数控机床，空运行，观察运动轨迹是否正确。也可采用空运转画图校验：在具有图形显示功能的数控机床上，进行工件的模拟加工，检查工件加工程序的正确性。

（7）首件试切

以上这些方法［即步骤（6）］只能检查运动是否正确，不能检查出由于刀具调整不当或编程计算不准而造成的误差，因此，必须采用首件试切方法进行实际切削检查，进一步考察程序的正确性，并检查加工精度是否满足要求。若实际切削不符合要求，可修改程序或采取补偿措施。试切一般采用铝材、塑料、石蜡等易加工材料。

7.2.2 数控程序的基本结构

一个工件加工程序是由遵循一定语法和格式的若干个程序段组成的，而每个程序段是由若干个指令字（又称功能字）组成的，如图 7-9 所示。

由图 7-9 所示，一个完整的加工程序由程序号、程序的内容和程序结束 3 部分组成。其中程序号以地址 O 或 P 或 % 以及 1～9999 范围内的任意数字组成。通常 FANUC 系统用"O"，华中系统用"%"作为程序号的地址码。程序结束用 M02 或 M30 指令，放在最后一个程序段作为整个程序的结束。程序的内容由若干个程序段组成，每一个程序段表示一个完整的加工工步或动作。

程序段由程序段号、若干指令字和程序段结束符号组成，如图 7-10 所示。

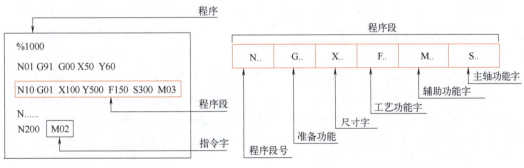

图 7-9 程序的结构　　　　　图 7-10 程序段结构

程序段号 N 又称程序段名，由地址 N 和数字组成。数字大小的顺序不表示加工或控制顺序，只是程序段的识别标记。在编程时，数字大小可以不连续，也可以颠倒，也可以部分或全部省略。但一般习惯按顺序并以 5 或 10 的倍数编写，以备插入新的程序段。

指令字是控制系统的具体指令，由地址符和数字组成，例如 X250 为一个字，表示 X 向尺寸为 250mm；F200 为一个字，表示进给速度为 200mm/min（具体值由规定的代码决定）。每个程序段由按照一定顺序和规定排列的指令字组成。常用的地址符及其含义如表 7-1 所示。

笔记

应当注意的是，不同的系统，其所使用的地址符及其含义不同。

表 7-1　常用的地址符

功能	地址符	说明
程序号	O 或 P 或 %	程序号
尺寸字	X, Y, Z, U, V, W	直线坐标轴
	A, B, C, D, E	旋转坐标轴
	R	圆弧半径
	I, J, K	圆弧中心坐标
准备功能	G	指令动作方式
辅助功能	M	开关控制方式的指定
补偿值	H, D	补偿值地址
暂停	P 或 X 或 F	暂停时间
重复次数	L 或 H	子程序调用次数或循环程序的循环次数
切削用量	F	进给量或进给速度
	S	主轴转速
刀具号	T	刀库中的刀具编号

程序段结束符号可以用"；"（如 FANUC 系统），也可用"LF"表示程序段结束，也可以什么都不加（如华中系统）。

7.2.3　数控车床的坐标系

图 7-11 所示为数控车床的标准坐标系。

（1）机床坐标系

机床坐标系是机床固有的坐标系，机床坐标系的原点称为机床原点或机床零点。机床经过设计、制造和调整后，这个原点便被确定下来，它是固定的点。

数控系统上电时，并不确定机床零点，为了正确地建立机床坐标系，通常在每个坐标轴的移动范围内设置一个机床参考点（测量起点），机床启动时，通常进行机动（自动）或手动回参考点，以建立机床坐标系。

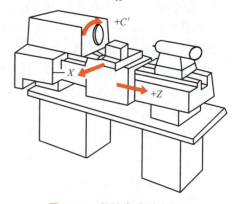

图 7-11　数控车床的坐标系

机床参考点可以与机床原点重合，也可以不重合，通过参数指定机床参考点到机床原点的距离。机床回到了参考点，也就知道了该坐标轴的原点的位置，找到所有坐标轴的参考点，数控机床就建立起了机床坐标系。机床原点和机床参考点的关系如图 7-12 所示。

（2）工件坐标系

工件坐标系是编程人员在编程时使用的坐标系，是由编程人员以工件图纸上的某一固定点作为原点所建立的坐标系，编程尺寸都按工件坐标系中的尺寸确定。为保证编程与机床加工的一致性，工件坐标系也应该是右手笛卡儿坐标系，而且工件装夹到机床上时，应使工件坐标系与机床坐标系的坐标轴方向保持一致。

工件坐标系的原点称为工件原点或编程原点。工件原点在工件上的位置可以任意选择，为了有利于编程，工件原点最好选在工件图样的基准上或工件的对称中心上，例如回转体零件的端面中心、非回转体零件的角边、对称图形的中心等。

在数控车床上加工工件时，工件原点一般设在主轴中心线与工件右端面相交处，如图 7-13 所示。

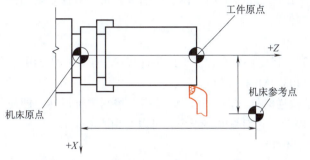

图 7-12 数控车床坐标系与机床参考点　　图 7-13 工件原点设置

（3）两个坐标系的关系

编程时，尺寸都按工件坐标系中的尺寸确定，不必考虑工件在机床上的安装位置和安装精度，但在加工时需要确定机床坐标系、工件坐标系、刀具起点三者的位置关系。工件装夹在机床上后，可通过对刀确定工件在机床上的位置。

所谓对刀，就是确定工件坐标系与机床坐标系的相互位置关系。在加工时，工件随夹具在机床上安装后，测量工件原点与机床原点之间的距离，这个距离称为工件原点偏置，如图 7-14 所示。在用绝对坐标编程时，该偏置值可以预存到数控系统中，在加工时

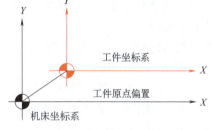

图 7-14 机床坐标系与工件坐标系

工件原点偏置值可以自动加到机床坐标系上，使数控系统可按机床坐标系确定加工时的坐标值。

7.2.4　指令的用法

7.2.4.1　辅助功能 M 指令

辅助功能 M 代码是控制机床或系统的辅助功能动作及其状态，如冷却泵的开、关，主轴的正反转，程序结束等。辅助功能 M 指令由地址字符 M 后接两位数字组成，由 M00 ～ M99 共 100 个。

M 功能有非模态和模态两种有效形式，其中非模态 M 功能只在书写了该代码的程序段中有效；模态 M 功能在被同一组的另一个功能注销前一直有效。下面以 FANUC-0i 系统为例介绍几个常用的 M 指令。

（1）程序停止指令（M00）

执行 M00 指令后，自动运行停止，机床所有动作均被切断，以便进行某种手动操作。在按下控制面板的启动按钮后，才能重新启动机床，继续执行下一段程序段。

该指令是非模态指令，主要用于工件在加工过程中停机检查、测量零件、手工换刀或交换班等。

（2）选择性停止指令（M01）

M01 指令与 M00 相似，不同的是只有控制面板上的"选择性停止"按钮按下时，M01

指令才能起作用。该指令主要用于加工工件抽样检查、清理切屑等。

（3）程序结束指令（M02）

执行 M02 指令后，表示程序已全部结束，此时主轴停转、切削液关闭、数控系统和机床复位。但程序结束后，不返回程序头的位置。

（4）程序结束并返回零件程序头（M30）

M30 与 M02 功能基本相同，只是 M30 指令还兼有控制返回零件程序头（O）的作用。

（5）主轴正转、反转、停转指令（M03、M04、M05）

M03 指令控制主轴正转，即使主轴按逆时针方向旋转。M04 指令控制主轴反转，即使主轴按顺时针方向旋转。M05 控制主轴停转。它们是模态指令，可以互相注销。

（6）冷却液开关指令（M07、M08、M09）

M07、M08、M09 用于控制冷却装置的启动和关闭。M07 指令控制雾状切削液打开。M08 指令控制液态切削液打开。M09 指令控制切削液关闭。它们是模态指令，可以互相注销。

7.2.4.2　主轴转速功能 S、进给功能 F 和刀具功能 T

（1）进给功能（F 功能）

F 功能指令表示工件被加工时刀具相对于工件的合成进给量（速度），F 的单位取决于 G94 和 G95。

① 每分钟进给模式（G98）

指令格式：G98 F_

其中，F 后面的数字表示的是主轴每分钟进给量，单位为 mm/min。G98 为模态指令，在程序中指定后一直有效，直到程序段中出现 G99 指令来取消它。另外，该指令是系统默认指令。

② 每转进给模式（G99）

指令格式：G99 F_

其中，F 后面的数字表示的是主轴每转进给量，单位为 mm/r。G99 为模态指令，在程序中指定后一直有效，直到程序段中出现 G98 指令来取消它。

（2）主轴转速功能（S 功能）

S 功能指令用于控制主轴转速。

指令格式：S_

其中，S 后面的数字表示主轴转速，单位为 r/min。具有恒线速功能的机床，S 功能指令还有如下功能。

① 主轴最高转速限制（G50）

指令格式：G50 S_

其中，S 后面的数字表示的是最高转速，单位为 r/min。

例如：G50 S3000 表示最高转速限制为 3000r/min。

② 恒线速控制（G96）

指令格式：G96 S_

其中，S 后面的数字表示的是恒定的线速度，单位为 m/min。

例如：G96 S150 表示切削点线速度控制在 150m/min。

该指令用于车削端面或直径变化较大的场合。采用此功能，可保证工件直径变化时，主轴的线速度不变，从而保证切削速度不变，提高了加工质量。

③ 恒线速取消（G97）

指令格式：G97 S_

其中，S 后面的数字表示恒线速度控制取消后的主轴转速，如 S 未指定，将保留 G96 的最终值。

例如：G97 S3000 表示恒线速控制取消后主轴转速为 3000r/min。

该指令用于车削螺纹或工件直径变化较小的场合。采用此功能，可设定主轴转速并取消恒线速度控制。

（3）刀具功能（T 功能）

T 功能指令用于选择加工所用刀具。

指令格式：T××（或 T××××）

其中，T 后面的两位数字表示所选择的刀具号。当 T 后面有四位数字，前两位数字是刀具号，后两位是刀具补偿号，常用于车床编程。

例如：T0303 表示选用 3 号刀及 3 号刀具补偿值。该指令主要用于设置刀具几何位置补偿以确定工件坐标系。在使用时注意以下事项。

① 刀具号与刀架上的刀位号一致。

② 刀具号和刀具补偿号可以不相同，如 T0103，此时 T01 号刀的刀具补偿值必须写在 #3 号刀补位置上。

③ T××00 为取消刀具补偿，如 T0300 为取消 3 号刀位的刀补。

7.3 数控车削编程基础

不同的数控系统，其编程指令有所不同，这里以 FANUC 0i 系统为例介绍数控车床的基本编程指令。

笔记 ✎

7.3.1 工件坐标系设置功能

用 G50 指令设定工件坐标系时，就是将刀具的起点在工件坐标系中指定出来，数控系统内部对该位置进行记忆，并显示在显示器上，这就相当于在系统内部建立了以工件原点为坐标原点的工件坐标系。

指令格式：G50 X_ Z_

如图 7-15 所示，P 点是开始加工时刀尖的起始点。欲设定 XOZ 为工件坐标系，则程序段为 "G50 X60.9 Z33.9"。欲设定 X'O'Z 为工件坐标系，则程序段为 "G50 X60.9 Z109.7"。

7.3.2 参考点功能

（1）返回参考点检查指令（G27）

数控车床通常是长时间连续工作，为了提高加工的可靠性及保证零件的加工精度，可用该指令检查刀具是否能正确地返回参考点。如果刀具能正确地沿着指定的轴返回参考点，则该轴参考点返回灯亮。但

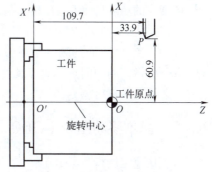

图 7-15 用 G50 设定工件坐标系

是，如果刀具到达的位置不是参考点，则机床报警。

指令格式：G27 X（U）_ Z（W）_

必须注意的是：

① 使用 G27 指令时，若先前使用了刀具补偿，必须先取消刀具补偿，才能使用该指令。

② 使用 G27 指令时，车床必须已经回过一次参考点（手动返回或自动返回）。

③ G27 指令执行后，数控系统会继续执行后面的程序；若需停止车床，应在 G27 程序段后加辅助功能 M00 或 M01。

（2）自动返回参考点指令（G28）

G28 指令可以使刀具从任何位置以快速点定位方式经过中间点返回参考点。执行该指令时，刀具先快速移动到指令值所指定的中间点，然后自动返回参考点，相应的坐标轴回原点指示灯亮。

指令格式：G28 X（U）_ Z（W）_

其中，X、Z 是中间点的坐标值；U、W 为刀具经过的中间点相对起点的增量坐标。

必须注意的是：使用 G28 指令时，若先前使用了刀具补偿，必须先取消刀具补偿，才能使用该指令。

如图 7-16 所示，若刀具从当前位置经过中间点（30，15）返回参考点，则指令为：

G28 X30.0 Z15.0

如图 7-17 所示，若刀具从当前位置直接返回参考点，这相当于中间点与刀具当前位重合，则可用增量方式，指令为：

G28 U0 W0

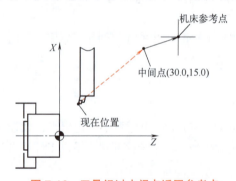

图 7-16　刀具经过中间点返回参考点

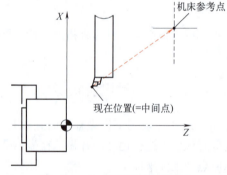

图 7-17　刀具直接返回参考点

（3）从参考点到目标点（G29）

此指令的功能是使刀具由机床参考点经过中间点到达目标点。

编程格式：G29 X_ Z_

其中，X、Z 后面的数字是指刀具的目标点坐标。执行 G29 指令所经过的中间点就是 G28 指令所指定的中间点，故刀具可经过 G28 所设定的路线到达目标点，所以用 G29 指令之前，必须先用 G28 指令。

7.3.3　基本移动指令（G00、G01、G02、G03）

（1）快速定位指令（G00）

该指令的功能是要求刀具以点位控制方式从刀具所在位置用最快的速度到达指定位置。

指令格式：G00 X（U）_ Z（W）

其中，X（U）、Z（W）为目标点坐标值。必须注意以下事项。

① 执行该指令时，刀具以机床规定的进给速度从所在点以点位控制方式移动到目标点，移动速度不能由 F 指令设定，它的速度已由生产厂家预先调定。编程时设定的进给速度 F 对 G00 程序段无效。

② G00 为模态指令，只有遇到同组指令（G01、G02、G03）时，才会被取替。

③ X、Z 后面跟的是绝对坐标值，U、W 后面跟的是增量坐标值。

④ 常见的 G00 轨迹如图 7-18 所示，从 A 到 B 有 4 条路线，直线 AB、折线 ACB、折线 ADB 和折线 AEB，采用哪条路线取决于个数控机床的脉冲当量。因此，在使用 G00 指令时，要注意刀具是否和工件及夹具发生干涉，如果忽略这一点，就容易发生碰撞，而快速状态下的碰撞更加危险。

如图 7-19 所示，要实现从起点 A 快速移动到目标点 C，绝对值编程方式为：

G00 X70.6 Z98.1

其增量值编程方式为：

G00 U45.9 W73.4

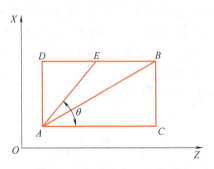

图 7-18　数控车床 G00 轨迹

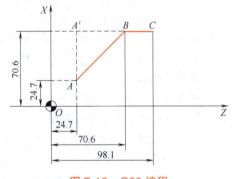

图 7-19　G00 编程

（2）直线进给指令（G01）

该指令是使刀具以给定的速度，从所在点出发，直线移动到目标点。

指令格式：G01 X（U）_ Z（W）_ F_

其中，X（U）、Z（W）为目标点坐标，F 为进给速度。必须注意以下事项。

① G01 指令是模态指令，必须由同组指令来取消。

② G01 指令进给速度由进给功能指令 F 决定。如果在 G01 程序段之前的程序段中没有 F 指令，而当前的 G01 程序段中也没有 F 指令，则机床不运动。因此，为避免风险，G01 程序段中必须含有 F 指令。

③ G01 指令前若出现 G00 指令，而该程序段中未出现 F 指令，则 G01 指令的移动速度按照 G00 指令的进给速度执行。

【**例 7-1**】　加工如图 7-20 所示的零件，

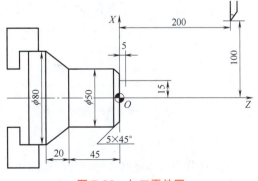

图 7-20　加工零件图

选右端面 O 点为编程原点。加工程序如图 7-21 所示。

O0001	O0002
N010 T0101	N010 T0101
N020 S800 M03	N020 S800 M03
N030 G00 X200.0 Z100.0	N030 G00 X200.0 Z100.0
N040 X30.0 Z5.0	N040 U-170.0 W-95.0
N050 G01 X50.0 Z-5.0 F1.3	N050 G01 U20.0 W-10.0 F1.3
N060 Z-45.0	N060 W-40.0
N070 X80.0 Z-65.0	N070 U30.0 W-20.0
N080 G00 X100.0	N080 U20.0
N090 Z5.0	N090 W70.0
N100 X200.0 Z100.0 T0100	N100 X200.0 Z100.0 T0100
N110 M05	N110 M05
N120 M30	N120 M30
(a) 绝对值编程	(b) 增量值编程

图 7-21　直线编程实例的加工程序

（3）圆弧插补指令（G02、G03）

圆弧插补指令使刀具在指定平面内按给定的进给速度做圆弧运动，切削出母线为圆弧曲线的回转体。顺时针圆弧插补用 G02 指令，逆时针圆弧插补用 G03 指令。数控车床是两坐标的数控机床，只有 X 轴和 Z 轴，在判断圆弧的逆、顺时，应按右手定则将 Y 轴也加入考虑。观察者让 Y 轴的正向指向自己，即可判断圆弧的逆、顺方向。应该注意前置刀架与后置刀架的区别。即前置刀架使用 G02 指令，后置刀架使用 G03 指令。

加工圆弧时，通常有两种方法（图 7-22）：一种是采用圆弧的半径和终点坐标来编程；另一种是采用分矢量和终点坐标来编程。

① 用圆弧半径 R 和终点坐标进行圆弧插补。

指令格式：G02/G03 X（U）_ Z（W）_ R_ F_

其中，X（U）、Z（W）为圆弧的终点坐标值；R 为圆弧半径，由于在同一半径的情况下，从圆弧的起点 A 到终点 B 有两种圆弧可能性，为区分两者，规定圆弧对应的圆心角小于或等于180°时，用"＋"表示，反之用"－"表示。如图 7-22（a）所示的圆弧 1，其对应的圆心角为120°，所以圆弧半径用"＋20"表示。如图 7-22（a）中的圆弧 2，其对应的圆心角为240°，所以圆弧半径用"－20"表示。F 为加工圆弧时的进给量。

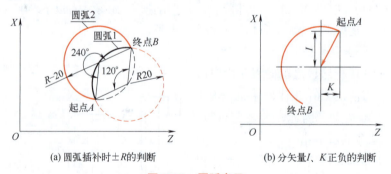

(a) 圆弧插补时±R的判断　　　　(b) 分矢量I、K正负的判断

图 7-22　圆弧表示

② 用分矢量和终点坐标进行圆弧插补。

指令格式：G02/G03 X（U）_ Z（W）_ I_ K_ F_

其中，X（U）、Z（W）为圆弧的终点坐标值，I、K为圆心相对圆弧起点的增量坐标值，有正负之分。圆弧的方向矢量是指从圆弧起点指向圆心的矢量，将其在 X 轴和 Z 轴上进行分解，当分矢量的方向与坐标轴的方向不一致时，取负号。如图 7-22（b）所示，I 和 K 均为负值。F 为加工圆弧时的进给量。

（4）暂停指令（G04）

G04 指令常用于车槽、镗平面、孔底光整以及台阶轴清根等场合，可使刀具做短时间的无进给光整加工，以提高工件的表面质量。执行该程序段后暂停一段时间，暂停时间到后，继续执行下一段程序。

指令格式：G04 X（P）_

其中，X（P）为暂停时间。X 后的数字用实数表示，单位为 s；P 后的数字用整数表示，单位为 ms。如 G04 X2.0 表示暂停 2s；G04 P1000 表示暂停 1000ms。

（5）数控车削编程固定循环

当零件的外径、内径或端面上的加工余量较大时，如果用前面介绍的一般车削编程进行车削，则数控程序将过长，且过于烦琐。可采用车削循环来简化编程。

① 圆柱面车削循环指令（G90） G90 指令用于车削内、外圆柱面（圆锥面）和内孔（内锥面）的自动固定循环；用于毛坯余量较大的粗加工，以去除大部分余量。

车削内、外圆柱面时的编程格式：

G90 X（U）_ Z（W）_ F_

车削过程如图 7-23 所示，图 7-23 中 R 表示快速移动，F 表示进给运动，加工按 1、2、3、4 顺序进行。其中，X、Z 表示车削循环进给路线的终点坐标；U、W 表示增量坐标，在增量值编程中，U 和 W 后面数字的符号取决于加工轨迹的方向。当与坐标轴方向相同时，取正号；反之，取负号。在图 7-23 中，U 和 W 后的数值取负号。

【例 7-2】 加工如图 7-24 所示的零件，毛坯为 ϕ70mm 的棒料，加工的轴段为 ϕ30mm，加工余量较大，因此，在精车前，必须将大部分余量去除。为此，使用 G90 车削循环指令编写粗车程序，每次 X 向的背吃刀量为 10mm，留 10mm 余量用于半精加工和精加工，则粗车程序如下：

G90 X60.0 Z-80.0 F500
    X50.0
    X40.0

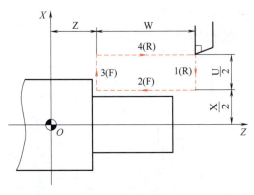

图 7-23　G90 车削圆柱表面固定循环

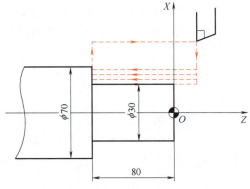

图 7-24　G90 车削圆柱面编程实例

G90 指令车削圆锥面时的指令格式：

G90 X（U）_ Z（W）_ R_ F_

其中，X（U）、Z（W）表示车削循环进给路线的终点坐标，R 为椎体大端和小端的半径差。若工件锥面起点坐标大于终点坐标，R 后数字的符号取正，反之取负，该值在此处采用半径编程。

车削过程如图 7-25 所示。

【例 7-3】 加工如图 7-26 所示的零件，毛坯如图 7-26 中点画线所示，小端直径为 ϕ10mm，加工锥面的大端直径为 ϕ20mm，加工余量较大，为此，使用 G90 车削循环指令编写粗车程序，每次 X 向的背吃刀量为 10mm，则粗车程序如下：

G90 X40.0 Z20.0 R-5.0 F50.0
      X30.0
      X20.0

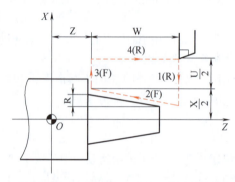

图 7-25　G90 车削圆锥表面固定循环

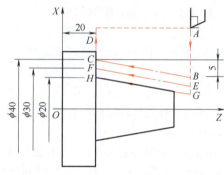

图 7-26　G90 车削圆锥面编程实例

② 螺纹车削循环指令（G92） 简单螺纹车削循环指令 G92 可以用来加工圆柱螺纹和圆锥螺纹。该指令的循环路线与前述的 G90 指令基本相同，只是 F 后面的进给量改为螺纹导程即可。

指令格式：圆柱螺纹 G92 X（U）_ Z（W）_ F_
　　　　　圆锥螺纹 G92 X（U）_ Z（W）_ R_ F_

圆柱螺纹车削的走刀路线如图 7-27 所示，圆锥螺纹车削的走刀路线如图 7-28 所示。其中，X、Z 为螺纹终点坐标值；U、W 为螺纹起点坐标到终点坐标的增量值；R 为圆锥螺纹大端和小端的半径差。若工件圆锥面起点坐标大于终点坐标时，R 后数字的符号取正，反之取负，该值在此处采用半径编程。车削完螺纹后退刀，按照 45° 退出。

需要说明的是：加工螺纹时需要编程者设定车削次数和每次进给量。

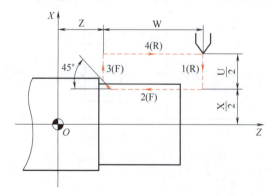

图 7-27　G92 加工圆柱螺纹的走刀路线

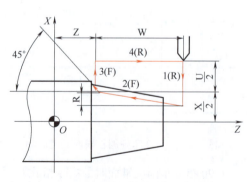

图 7-28　G92 加工圆锥螺纹的走刀路线

笔记

③端面车削循环指令（G94）　G94指令用于车削垂直端面和锥形端面的自动固定循环；用于毛坯余量较大的粗加工，以去除大部分余量。

指令格式：垂直端面 G94 X（U）_ Z（W）_ F_

锥形端面 G94 X（U）_ Z（W）_ R_ F_

车削垂直端面的走刀路线如图7-29所示，车削锥形端面的走刀路线如图7-30所示。图中，R表示快速移动；F表示进给运动；加工按1、2、3、4顺序进行；X、Z为端面终点坐标值；U、W为增量值；R尺寸为锥形端面起点Z坐标减去终点Z坐标的差值，有正负之分。用G94进行粗车时，每次车削一层余量，再次循环时，只需按背吃刀量依次改变Z的坐标值。

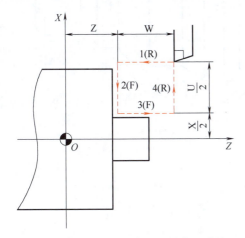

图7-29　G94加工垂直端面的走刀路线　　　　图7-30　G94加工锥形端面的走刀路线

【例7-4】　加工如图7-31所示的零件，用G94编程如下：

G94 X50.0 Z16.0 F50.0

　　　Z13.0

　　　Z10.0

【例7-5】　加工如图7-32所示的零件，用G94编程如下：

G94 X15.0 Z33.48 R-3.48 F50.0

　　　Z31.48

　　　Z28.78

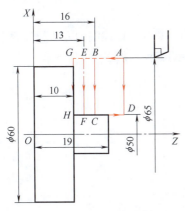

图7-31　G94加工垂直端面实例

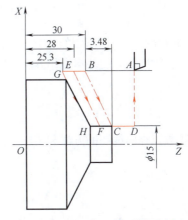

图7-32　G94加工锥形端面实例

7.4 典型零件加工任务

任务：完成如图 7-33 所示轴类零件的编程与加工。

FUNAC 数控系统编程：

O0001（程序名）

N10 G54 G00 X80 Z80（选定坐标系，到程序起点位置）

N20 M03 S400 T0101（主轴以 400r/min 正转，选择 1 号刀）

N30 G00 X60 Z5（到循环起点位置）

N35 G73 U3 W0.9 R3

N40 G73 P50 Q130 U0.6 W0.1 F0.2（闭环粗切循环加工）

N50 G00 X0 Z3（精加工轮廓开始，到倒角延长线处）

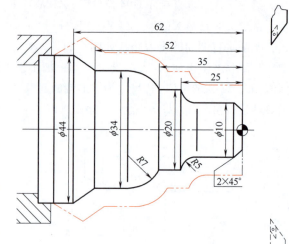

图 7-33 零件加工图

N60 G01 U10 Z-2 F80（精加工倒 2×45° 角）

N70 Z-20（精加工 ϕ10 外圆）

N80 G02 U10 W-5 R5（精加工 R5 圆弧）

N90 G01 Z-35（精加工 ϕ20 外圆）

N100 G03 U14 W-7 R7（精加工 R7 圆弧）

N110 G01 Z-52（精加工 ϕ34 外圆）

N120 U10 W-10（精加工锥面）

N130 U10（退出已加工表面，精加工轮廓结束）

N135 G70 P50 Q130

N140 G00 X80 Z80（返回程序起点位置）

N150 M30（主轴停、主程序结束并复位）

笔记

【学习小结】

本部分介绍了数控车床的分类、数控车床的结构、数控程序编制的方法和步骤、数控指令的用法、数控车床的基本操作方法，以及典型零件的编程与加工。

【思考题】

简述数控程序编制的方法和步骤。

焊接

 思维导图

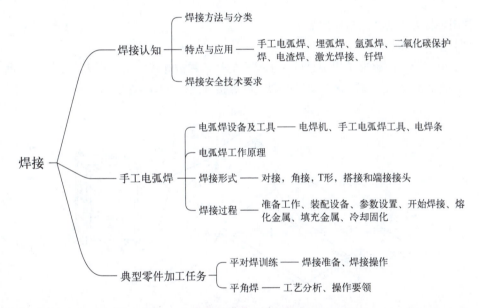

■ 8.1 焊接认知

　　焊接是使两个分离的物体通过加热或加压，或两者并用，同时填充材料，借助原子间的联系与质点的扩散作用形成一个整体的过程。焊接技术在建筑、汽车制造、船舶制造、能源和航空航天等领域中应用广泛。焊接技术能够提供结构的强度和连接的稳固，保证设备和构件的正常运行和安全性。

8.1.1 焊接方法分类

　　焊接方法按照焊接过程中金属所处的状态不同，可以分为熔化焊、压力焊和钎焊三类。如图 8-1 所示。

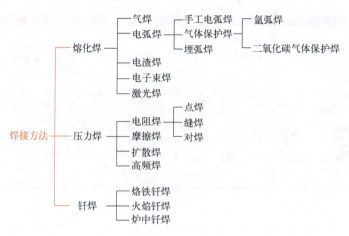

图 8-1　焊接方法分类

8.1.2　焊接方法的特点与应用

常用焊接方法的特点与应用如下。

（1）手工电弧焊

手工电弧焊（简称手弧焊）是以手工操作的焊条和被焊接的工件作为两个电极，利用焊条与焊件之间的电弧热量熔化金属进行焊接的焊接方法，如图 8-2 所示。

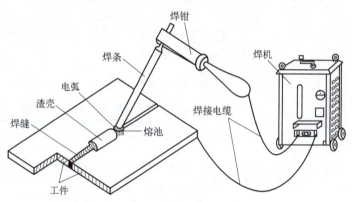

图 8-2　手工电弧焊

手工电弧焊具有灵活、机动，适用性广泛，可进行全位置焊接，所用设备简单、耐用性好、维护费用低等优点，但劳动强度大，质量不够稳定（取决于操作者水平）。其在单件、小批生产和修配中广泛应用，适于焊接厚度在 3mm 以上的碳钢、低合金钢、不锈钢和铜、铝等非铁合金。

（2）埋弧焊

埋弧焊（含埋弧堆焊及电渣堆焊等）是一种电弧在焊剂层下燃烧进行焊接的焊接方法，如图 8-3 所示。

埋弧焊生产率比手工电弧焊高 5 ～ 10 倍，焊接质量高且稳定，能节省金属材料、改善劳动条件，适用于大量生产中的长直缝、环形缝和垂直缝的焊接，能焊接碳钢、合金钢以及某些铜合金的中、厚壁结构。

笔记

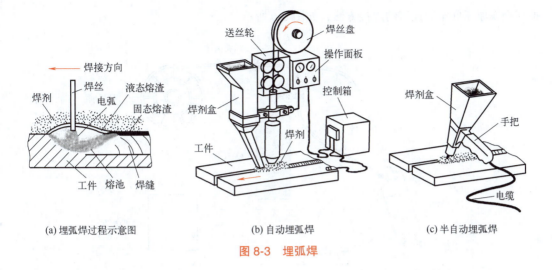

(a) 埋弧焊过程示意图　　　　(b) 自动埋弧焊　　　　(c) 半自动埋弧焊

图 8-3　埋弧焊

（3）氩弧焊

氩弧焊是一种使用氩气作为保护气体的焊接方法，又称氩气保护焊，就是在电弧焊的周围通入氩气，将空气隔离在焊区之外，防止焊区氧化，如图 8-4 所示。

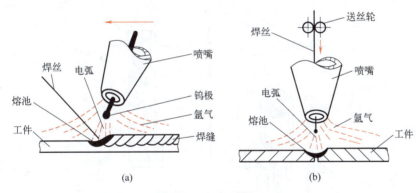

(a)　　　　　　　　　　(b)

图 8-4　氩弧焊

氩弧焊因具有气体保护充分，热量集中，熔池较小，焊接速度快，热影响区较窄，焊接变形小，电弧稳定，飞溅少，焊缝致密，表面无熔渣，成形美观，明弧便于操作，易实现自动化等特点，可用于室内焊接。氩弧焊最适于焊接易氧化的铜、铝、钛及合金、锆、钽、钼等稀有金属，以及不锈钢、耐热钢等。氩弧焊对大于 50mm 的厚板不适用，对小于 3mm 的薄板也不适用。

（4）二氧化碳气体保护焊

二氧化碳气体保护焊是将电极、电弧区以及焊接熔池置于二氧化碳气体保护之下的焊接方法，如图 8-5 所示。

二氧化碳气体保护焊具有成本低、质量好、生产率高、操作性能好等优点，但大电流时飞溅较大，成形不够美观，设备较复杂。二氧化碳气体保护焊广泛应用于船舶、列车、起重机械、农业机械中的低碳钢和低合金钢结构的焊接。

（5）电渣焊

电渣焊是利用电流通过熔渣所产生的电阻热作为热源，将填充金属和母材熔化，凝固后

笔记 ✐

形成金属原子间牢固连接的焊接方法，如图 8-6 所示。

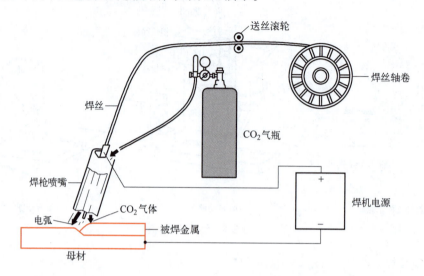

图 8-5　二氧化碳气体保护焊

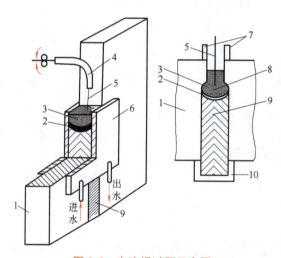

图 8-6　电渣焊过程示意图

1—焊件；2—金属熔池；3—渣池；4—导电嘴；5—焊丝；6—水冷强迫成形装置；7—引出板；8—熔滴；

9—焊缝；10—起焊槽

电渣焊具有生产率高，任何厚度不开坡口一次焊成，焊缝金属比较纯净，热影响区比其他焊法都宽，晶粒粗大，易产生过热组织等特点。焊后须进行正火处理，以改善焊缝性能。电渣焊适用于碳钢、合金钢，大型和重型结构（如水轮机、水压机、轧钢机）的全焊或组合结构的焊接，常用于焊接 35 ～ 400mm 壁厚结构。

（6）激光焊

激光焊是一种以聚焦的激光束作为能源轰击焊件，用产生的热量进行焊接的焊接方法，如图 8-7 所示。

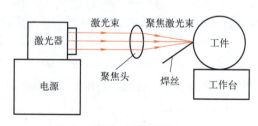

图 8-7　激光焊

激光焊的特点：辐射能量放出迅速，生产率高，可在大气中焊接，不需真空环境和保护气体；能量密度很高，热量集中，焊接时间短，热影响区小；不需与工件接触；焊接异种材料比较容易，但设备有效系数低、功率较小，焊接厚度受限。激光焊特别适用于焊接微型、精密、排列非常密集、对受热敏感的焊件。除可焊接薄壁搭接外，还可焊接细的金属线材以及导线和金属薄板的搭接，如集成电路内外引线、仪表游丝等的接。

（7）钎焊

钎焊是指低于焊件熔点的钎料和焊件同时加热到钎料熔化温度后，利用液态钎料填充固态工件的缝隙使金属连接的焊接方法，如图8-8所示。

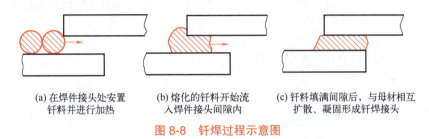

(a) 在焊件接头处安置　　　　(b) 熔化的钎料开始流　　　　(c) 钎料填满间隙后，与母材相互
钎料并进行加热　　　　　　入焊件接头间隙内　　　　　　扩散、凝固形成钎焊接头

图 8-8　钎焊过程示意图

根据钎料熔点的不同，可将钎焊分为软钎焊和硬钎焊。硬钎焊使用熔点高于450℃的钎料，焊件接头强度高，焊件的工作温度高。硬钎焊适用于受力较大的钢铁件、工具及铝、铜合金件的焊接，如钎焊刀具、自行车架等，常用的钎剂为硼砂、硼酸、氯化物等。软钎焊使用熔点低于450℃的钎料，焊件接头强度低，焊件的工作温度低。软钎焊用于电子线路元件的连接等，常用的钎剂为松香、氯化锌溶液。

钎焊的特点是焊件加热温度低，工件材料的组织和力学性能变化很小，变形也小，接头平整光滑，工件尺寸精确。焊前工件清洗、装配要求较严。钎焊广泛应用于机械、仪表、航空、航天领域，如电真空器件、导线、蜂窝和夹层结构的焊接等。

8.1.3　焊接安全技术要求

焊接对安全操作要求较高，具体要求如下。

① 电焊操作时，要穿绝缘鞋和干燥的绝缘服，戴绝缘手套。

② 检查电焊机机壳接地情况。

③ 检查电焊机接线柱螺母是否松动，检查导线绝缘层、焊钳绝缘层、熔丝是否完好。

④ 按规定戴防护面罩、手套、脚套。

⑤ 开电焊机时，先闭合电源闸刀，然后启动电焊机电源开关。停机时先关电焊机电源开关，再拉电源闸刀。

⑥ 焊接时，不要切断电源，电源接通后，不要任意移动电焊机。禁止用铜丝代替熔丝。

⑦ 只允许在空载状态下调节电流。

⑧ 电焊机不许长时间短路，非焊接时间内，不要将焊钳放置在工件上，以免造成短路。

⑨ 焊接时，不准用眼睛直视电弧，以防强烈弧光灼伤眼睛。

⑩ 焊接时，手不能同时接触两个电极，以免发生触电。

⑪ 用清渣锤敲除焊渣时，不得朝向面部，以防飞出的焊渣烫伤眼睛和面部。

笔记 ✎

⑫ 电焊操作场地应保持通风，操作时应在上风口，避免吸入过多烟雾，从而影响身体健康。

8.2 焊条电弧焊

电弧焊是利用在两极之间的气体介质中产生持久而强烈的放电现象，产生高温使焊件焊接在一起的焊接方式。电弧焊的主要特点是电弧是熔化金属的热源，而电弧的能量来自电源。手工电弧焊（简称手弧焊）是利用手工操纵焊条进行电弧焊的焊接方法。操作中，焊条和焊件分别作为两个电极，利用焊条和焊件之间产生的电弧热量来熔化焊件，冷却后形成焊缝。

8.2.1 手工电弧焊的设备及工具

（1）电焊机

焊条电弧焊的主要设备是电焊机，也称弧焊机或焊机，分为交流电焊机和直流电焊机，如图 8-9 所示。

笔记 ✏️

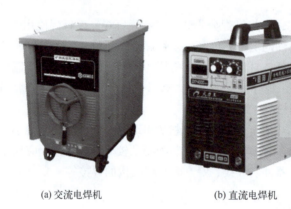

(a) 交流电焊机　　　　　　　　　(b) 直流电焊机

图 8-9　电焊机

直流电焊机工作时，先将交流电整流和滤波为直流电。为了提高电焊机的焊接性能、动态反应速度及效率，需要把直流电通过大功率晶闸管逆变成中高频低压交流电，然后再整流输出平稳的直流电。交流电焊机实质上是一种特殊的降压变压器，焊条和焊件分别和电源的两个输出端相连。

使用直流电焊机时，其输出端应有固定的极性，即有确定的正极和负极，因此焊接导线有两种接法，如图 8-10 所示。

正接法是指焊件接直流电焊机的正极，焊条接负极；反接法是指焊件接直流电焊机的负极，焊条接正极。

电焊机的基本技术参数如下。

① 输入端电压　一般为单相 220V/380V 或三相 380V。

② 输出端空载电压　一般为 60 ～ 90V。

③ 工作电压　一般为 20 ～ 40V。

④ 电流调节范围　可调的最小至最大的焊接电流范围。

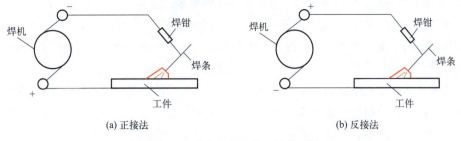

(a) 正接法　　　　　　　　　　　　　　(b) 反接法

图 8-10　直流电焊机的正接与反接

⑤ 负载持续率（暂载率）　负载持续率是指 5min 内有工作电流的时间所占的百分比。在负载持续率高（连续工作）的工作状态下，电焊机许用电流值要小些，相反可允许使用较大的电流。

（2）焊条电弧焊工具

常用的手工电弧焊工具有焊钳、面罩、清渣锤、钢丝刷，如图 8-11 所示。还需要焊接电缆和劳动保护用品等。

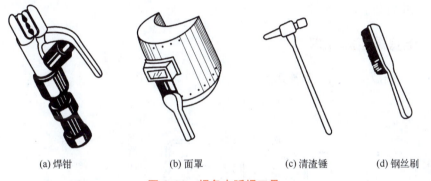

(a) 焊钳　　　　　(b) 面罩　　　　　(c) 清渣锤　　　　　(d) 钢丝刷

图 8-11　焊条电弧焊工具

① 焊钳　焊钳是用来夹持焊条和传导电流的工具，常用的有 300A 和 500A 两种。

② 面罩　面罩是用来保护眼睛和面部，免受弧光伤害及金属飞溅的一种遮蔽工具，包括手持式和头盔式两种。

③ 清渣锤（尖头锤）　清渣锤用来清除焊缝表面的渣壳。

④ 钢丝刷　在焊接之前，用来清除焊件接头处的污垢和锈迹；焊后用于清刷焊缝表面及飞溅物。

（3）电焊条

电焊条（简称焊条）是涂有药皮的供手工电弧焊使用的熔化电极。

① 电焊条的组成及作用　电焊条由焊芯和药皮两部分组成，如图 8-12 所示。

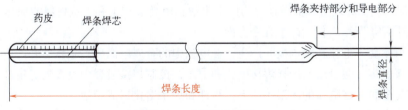

图 8-12　电焊条结构

笔记 ✏

②电焊条的分类、型号及牌号　电焊条的品种繁多，分类方法如下。

a.按用途分类。电焊条根据国家标准，按用途可分为七大类：碳钢焊条、低合金钢焊条、不锈钢焊条、堆焊焊条、铸铁焊条、铜及铜合金焊条、铝及铝合金焊条。其中碳钢焊条应用最广泛。

b.按药皮熔化成的熔渣的化学性质分类。电焊条分为酸性焊条和碱性焊条两大类。

c.按焊接工艺及冶金性能要求、焊条的药皮类型分类。将电焊条分为十大类，如氧化钛型、钛钙型、低氢钾型、低氢钠型等。

③电焊条的选用　电焊条的种类与牌号很多，选用是否恰当将直接影响焊接质量、生产率和产品成本。选用时应考虑下列原则。

a.根据焊件的金属材料选用相应的焊条。

b.焊缝金属要与母材等强度，可根据钢材强度等级来选用相应强度等级的焊条。

c.同一强度等级的酸性焊条或碱性焊条的选用，主要考虑焊件的结构、形状、厚度、载荷性能、抗裂性等因素。

d.电焊条的工艺性能要满足施焊操作需要，如在非水平位置焊接时，应选用适合于各种位置焊接的电焊条。

8.2.2　电弧焊工作原理

图 8-13 所示为电焊机工作连接图。

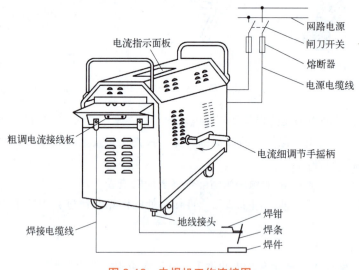

图 8-13　电焊机工作连接图

电弧焊的工作原理可以简单地分为两个步骤：电弧的产生和焊接材料的加热与融化。工作原理如图 8-14 所示，包括以下几个方面。

①电弧燃烧　电弧在两电极间产生，在电弧中的金属电离成离子状态并产生高温。

②电弧稳定　通过适当选择焊接电流和电压，控制焊接过程中电弧的稳定性。

③熔化金属　在电弧的高温作用下，焊件和焊条熔化形成熔池。

④填充金属　焊条不断通过电弧的热能熔化并加入熔池中，填充焊缝。

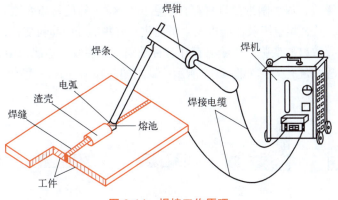

图 8-14　焊接工作原理

8.2.3　焊接形式

（1）焊接接头形式

焊接接头共有五种形式：对接接头、角接接头、T 形接头、搭接接头和端接接头，如图 8-15 所示。

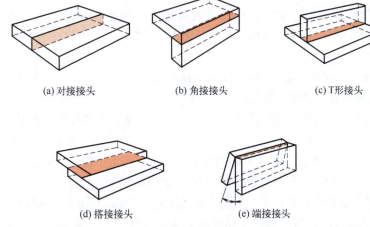

(a) 对接接头　　　　(b) 角接接头　　　　(c) T形接头

(d) 搭接接头　　　　(e) 端接接头

图 8-15　焊接接头形式

（2）常见焊缝形式

常见焊缝形式有 I 形焊缝、V 形焊缝、U 形焊缝及角焊缝，如图 8-16 所示。

（3）焊接应力与变形

由于焊接过程是不均匀加热和冷却的过程，因而会产生热应力变形现象。当焊接应力超过焊件材料相应的屈服应力时，焊件就会产生变形。焊接变形常见的形式有收缩变形、弯曲变形、波浪变形、扭曲变形和角变形。

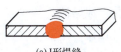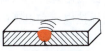

(a)I形焊缝　　　(b) V形焊缝　　　(c) U形焊缝　　　(d) 角焊缝

图 8-16　焊缝形式

受焊接高温影响，焊缝附近的母材存在"热影响区"，易使材质变脆。热影响区内随各部分温度的不同，其金相组织及性能也发生了变化，有些部分的晶粒变粗，硬度加大，塑性和韧性降低，易导致材质变脆。焊缝易存在各种缺陷，如裂纹、边缘未熔合、根部未焊透、咬边、焊瘤、夹渣和气孔等，如图8-17所示。缺陷的存在易导致焊件产生应力集中，进而使缺陷扩大。

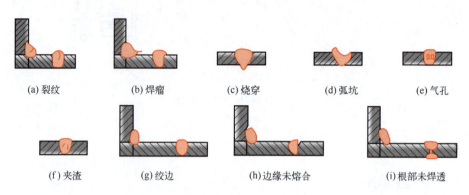

(a) 裂纹　　(b) 焊瘤　　(c) 烧穿　　(d) 弧坑　　(e) 气孔

(f) 夹渣　　(g) 绞边　　(h) 边缘未熔合　　(i) 根部未焊透

图 8-17　各类焊缝缺陷

① 裂纹　产生裂纹的主要原因是金属材料的化学成分不当。如钢材含硫高易产生热裂纹，含磷高易产生冷裂纹。不合适的焊接工艺和不合适的焊接程序也将导致裂纹的产生。裂纹有纵向，也有横向，可以存在于焊缝内，也可以存在于焊缝附近的金属内。

② 边缘未融合　这种缺陷与焊前焊件表面的清理不彻底有关，也与焊接电流过小和焊接速度过快以致母材未达到熔化状态有关。

③ 根部未焊透　除电流不够和焊接速度过快外，焊条过粗及操作者的其他不当操作也会致使该现象产生。

④ 咬边　咬边是因焊接参数选择不当或由于操作工艺不正确产生的，如所用的焊接电流过大和电弧过长。这是靠近焊缝表面的母材产生的缺陷。

⑤ 焊瘤　焊瘤是在焊接过程中，熔化的金属流淌到焊缝以外未熔化的母材上形成的。

⑥ 夹渣　是因微粒焊渣在焊缝金属凝固时来不及浮至金属表面而存在于焊缝内而形成的。

8.2.4　焊接的工艺流程

焊接的工艺流程一般包括以下几个步骤。

① 准备工作　清洁焊件表面，去除油污和氧化物，确保焊接接头的质量。

② 装配设备　安装焊接电源、电极和辅助设备，保证其工作状态正常。

③ 参数设置　根据焊接材料和焊缝要求，合理设置焊接电流、电压和焊接速度等参数。

④ 开始焊接　将电极接触焊件，打开焊接电源，形成电弧燃烧并稳定下来。

⑤ 熔化金属　控制焊接电流和电弧的稳定性，使焊件和焊条熔化形成熔池。

⑥ 填充金属　通过焊条不断加入熔池，填充焊接缝隙，实现焊件连接。

⑦ 冷却固化　焊接完成后，让焊接接头自然冷却，使焊缝固化。

焊接的工艺流程如图8-18所示。

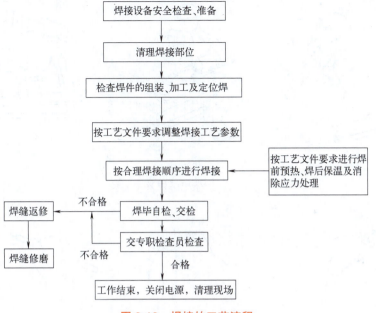

图 8-18　焊接的工艺流程

8.3　典型零件加工任务

8.3.1　平对焊

平对焊焊件如图 8-19 所示。

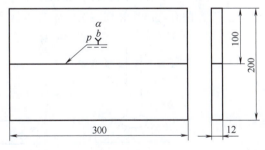

技术要求
1. 平位单面焊双面成形。
2. 焊件根部间隙 b=3.2~4.0mm，钝边 p=0.5～1mm，坡度角度 α=60°。
3. 焊后变形量小于3°。

图 8-19　平对焊焊件

（1）焊接准备

①正确的焊接姿势　焊接姿势有蹲姿、坐姿、站姿，如图 8-20 所示。

②装夹焊条　注意焊条与焊钳的夹角，如图 8-21 所示。

③握紧焊钳　焊钳的握法如图 8-22 所示。

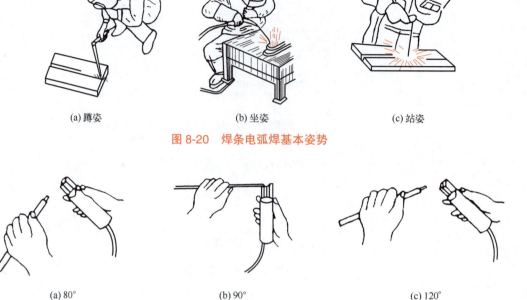

(a) 蹲姿　　　　　　　　　(b) 坐姿　　　　　　　　　(c) 站姿

图 8-20　焊条电弧焊基本姿势

(a) 80°　　　　　　　　　(b) 90°　　　　　　　　　(c) 120°

图 8-21　焊条与焊钳的夹角

（2）焊接操作

① 备料　准备两块厚 4 ~ 5mm 低碳钢板材，校直钢板，保证接口处平整。

② 清理　在焊件连接处 20mm 范围内清除铁锈、油污、水分等。

③ 组对　将两块钢板水平对齐放置，间隙为 1 ~ 2mm。

④ 引弧练习　引弧时，首先将焊条末端与焊件表面接触形成短路，然后迅速将焊条向上提起 2 ~ 4mm，电弧即引出。引弧方法有直击法和划擦法，如图 8-23 所示。

引弧前　引弧后　　　引弧前　引弧后

图 8-22　焊钳的握法　　　(a) 直击法　　　(b) 划擦法

图 8-23　引弧方法

⑤ 点焊　点焊的主要目的是定位，固定两块钢板的相对位置，焊后清渣。若焊件较长，可每隔一定距离焊接一定长度的焊缝。

⑥ 焊接　在平焊位置上堆焊焊缝，操作关键是掌握好焊条角度和运条基本动作，如图 8-24 所示。保持合适的电弧长度（即向下送进焊条的速度合适）和均匀的焊接速度。

在焊接操作中，应注意保持电弧的长度大约等于焊条的直径；同时，焊条与焊缝平面两侧的夹角应保持相等；焊条送进的速度要均匀。

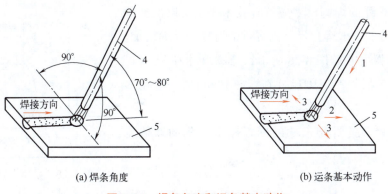

(a) 焊条角度　　　　　　　　(b) 运条基本动作

图 8-24　焊条角度和运条基本动作

1—向下送进；2—沿焊接方向移动；3—横向移动；4—焊条；5—工件

　　运条方法如图 8-25 所示。焊薄板时，焊条可做直线移动；焊厚板时，焊条在做直线移动的同时，还要做横向移动，以保证得到一定的熔宽和熔深。

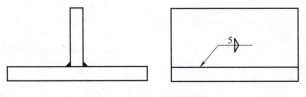

(a) 锯齿形运条　　　　　　　　　(b) 圈形运条

图 8-25　运条方法

　　⑦ 焊后清理　清除渣壳及飞溅。

　　⑧ 检查焊缝质量　检查焊缝外形和尺寸是否符合要求，有无焊接缺陷。

8.3.2　平角焊

笔记 ✎

　　平角焊焊件如图 8-26 所示。

图 8-26　平角焊焊件

（1）工艺分析

　　平角焊主要用于焊接 T 形接头。此外，搭接接头和角接接头也常采用平角焊。平角焊的接头形式如图 8-27 所示。

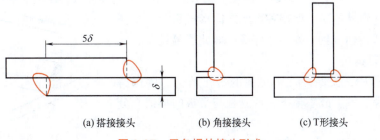

(a) 搭接接头　　　　(b) 角接接头　　　　(c) T形接头

图 8-27　平角焊的接头形式

平角焊焊缝的焊脚尺寸应符合技术要求，以保证焊接接头的强度。一般焊角尺寸随焊件的厚度增大而增加。平角焊的焊脚尺寸如图 8-28 所示。焊脚尺寸在 5mm 以下时，采用单层焊；焊脚尺寸在 6～10mm 时，采用多层焊。

平角焊焊缝的焊脚尺寸随钢板厚度变化的取值见表 8-1。

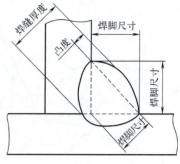

图 8-28　平角焊的焊脚尺寸

表 8-1　焊脚尺寸随钢板厚度变化的取值　　　　　　　mm

钢板厚度	8～9	9～12	12～16	16～20	20～24
焊脚尺寸	4	5	6	8	10

（2）操作要领

本任务为 T 形接头焊件。焊接时，焊条与立板夹角成 45°，与焊接方向夹角成 30°～50°，运条形式如 8-29 所示。

焊接前需将钢板焊缝两侧 20mm 以内的油污、锈迹、水分及其他污物清理干净，最好能够露出金属光泽。

为减小焊接变形，进行平角焊前要先进行定位焊，将焊件装配成 90° 夹角的 T 形接头，不留间隙。定位焊的位置应在工件两端的前后对称处。4 条定位焊缝的长度均为 10～15mm。装配时须校正工件，保证立板垂直。定位焊位置如图 8-30 所示。

图 8-29　运条形式

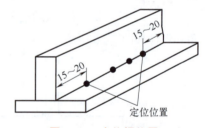

图 8-30　定位焊位置

本任务为单层焊接，选用直径为 3.2mm 的焊条，焊接电流调至 130A，能够达到一定的熔透深度，可以采用直线运条法，收尾时要填满弧坑。

斜圆圈形运条方法如图 8-31 所示，由 a 到 b 要慢，焊条做微小往复前移运动，以防止熔渣超前；由 b 到 c 稍快，以防止熔化金属下淌；到 c 处稍作停顿，以填加适量的熔滴，避免咬边；由 c 到 d 稍慢，保持各熔池之间形成重叠，以便于焊道的形成；由 d 到 e 处稍作停顿。如此反复运条，焊道收尾时填满弧坑。

运条过程中，要始终注视熔池的熔化情况。要保持熔池在接口处不偏上或不偏下，使立板与平板的焊道充分熔合。

焊接注意事项如下。

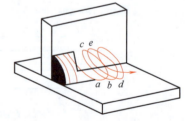

图 8-31　斜圆圈形运条方法

① 焊件进行定位焊时，应注意根部间隙、反变形量、定位焊焊隙的长度和间隙。

② 坡口及附近表面的铁锈、氧化皮、油污等一定要清理干净。

③ 平面焊容易出现成形不良、焊缝下塌、焊脚超宽等现象。因此，焊接过程中，要注意利用电弧力把熔化的金属挤向立板的坡口边缘。

④ 为防止焊件产生变形，可采用两面交替焊接，并采用合理的焊接参数。

 【学习小结】

本部分介绍了焊接方法的分类、特点、应用、焊接安全操作技术、焊条电弧焊的操作方法及典型焊接工艺。

【思考题】

简述电弧焊机的操作步骤及焊接操作的注意事项。

笔记

179

铸造

思维导图

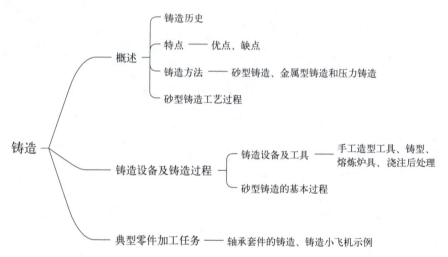

铸造就是将熔化的金属浇注到预制的型腔，在金属凝固冷却后获得零件或毛坯的制造方法。在机械制造中，零件的加工需要用金属原料毛坯，其中较大一部分形状复杂的毛坯是铸件，如较大的箱体零件、飞轮等。铸件是用铸造工艺获得的具有一定形状与功能的金属零件或毛坯。

9.1 铸造认知

9.1.1 铸造历史

铸造是人类掌握比较早的一种金属热加工工艺，已有约 6000 年的历史。我国在公元前 1700～前 1000 年已进入青铜铸件的全盛期，工艺上已达到相当高的水平。中国商朝的重 832.84kg 的后母戊鼎、战国时期的曾侯乙尊盘、西汉的透光镜都是古代铸造工艺的代表产品，如图 9-1 所示。早期的铸件大多是农业生产、宗教、生活等方面的工具或用具，那时的铸造工艺是与制陶工艺并行发展的，受制陶工艺的影响很大。

(a) 后母戊鼎

(b) 曾侯乙尊盘

(c) 西汉透光镜

图 9-1　古代典型铸造产品

永乐大钟（图 9-2）距今已有 600 多年的历史，它是采用地坑造型、表面陶范的泥型法铸造的。钟体内外遍铸经文，共 22.7 万字。铸造时，几十座熔炉同时开炉，熔化的铜液沿着泥做的槽道注入陶范，一次成形，工艺高超。它重 46.5t，通高 6.75m，口沿外径 3.3m。

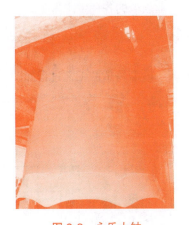

图 9-2　永乐大钟

9.1.2　铸造的特点

（1）优点

① 可以制造形状复杂，特别是具有复杂内腔的毛坯，如箱体、基座、气缸体、车床床身等。

② 设备简单，操作方便，生产准备周期短。

③ 铸造所用的原材料来源广泛，价格低廉，设备的投资少，成本低。

④ 适应性很强，现在生产所用的金属材料都可以用铸造工艺生成毛坯铸件，毛坯轻至几克，重至数吨。

⑤ 由于铸件是预制件，形状大小和零件相似，故减少了后续的加工工作量。

（2）缺点

① 铸造组织疏松、晶粒粗大，内部易产生缩孔、缩松、气孔等缺陷，因此，铸件的力学性能，特别是冲击韧性低于同种材料的锻件。

② 铸造工序多，难以精确控制。

9.1.3　铸造方法

铸造方法分为砂型铸造、金属型铸造和压力铸造三大类。

（1）砂型铸造

砂型铸造是指在砂型中生产铸件的铸造方法。这种铸造方法成本低、灵活性高，可制造各种形状和大小的铸件，适合于大批量的零部件生产，如汽车发动机缸体、机床床身等。但是，由于砂型铸造的精度不高，表面粗糙度值大，所以一些高精度的零部件必须采用其他铸

笔记 ✎

造方法。

（2）金属型铸造

金属型铸造是将金属材料制成铸造模具，然后将熔化的金属倒入模具中，待金属凝固后取出，即可得到所需的铸件。这种铸造方法成本高、制造周期长，但是铸件的精度高，表面粗糙度比砂型铸造好，适合生产一些高精度的零部件，如汽车发动机缸盖、飞机发动机叶片等。金属型铸造的优点是生产周期短，生产率高，而且可制造大型铸件，如机床主轴、大型齿轮等。

（3）压力铸造

压力铸造是将铝、锌、铜等低熔点金属熔化后，通过高压喷嘴喷入模具中，利用模具内的高压来使金属充分填充模具，待金属凝固后取出，即可得到所需的铸件。压力铸造的优点是生产率高、精度高、表面粗糙度好，可制造高精度、高表面质量的零部件，如汽车变速器壳体、电器外壳等。

不同的铸造方法各有优缺点，合适的铸造方法的选择取决于铸件的形状、大小和精度要求，以及生产周期和成本等因素。铸造技术的不断发展和创新，使得铸造方法越来越适应于工业领域的各种生产需要。

9.1.4　砂型铸造的工艺过程

砂型铸造的工艺过程如图 9-3 所示。

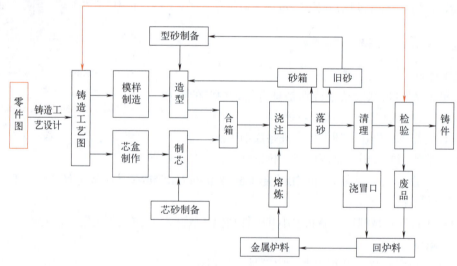

图 9-3　砂型铸造的工艺过程

9.2　铸造设备及铸造过程

9.2.1　铸造设备及工具

（1）手工造型工具

常用的手工造型工具如图 9-4 所示。

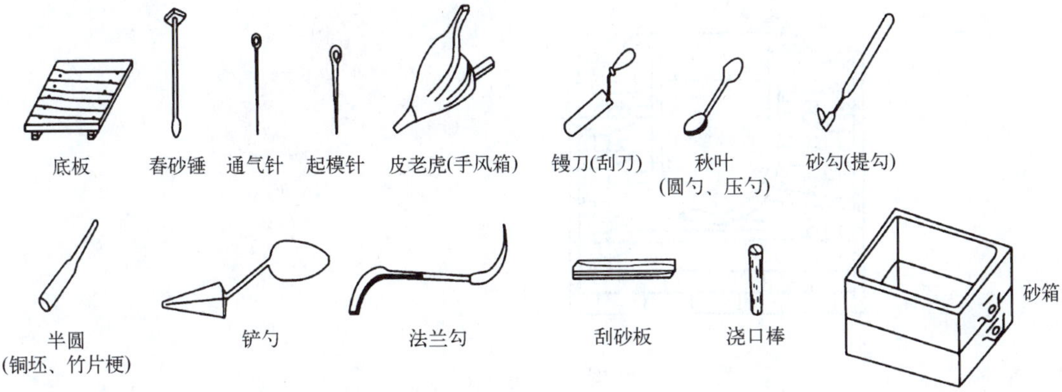

底板　春砂锤　通气针　起模针　皮老虎(手风箱)　镘刀(刮刀)　秋叶(圆勺、压勺)　砂勾(提勾)

半圆(铜坯、竹片梗)　铲勺　法兰勾　刮砂板　浇口棒　砂箱

图 9-4　常用的手工造型工具

（2）铸型

铸型用于浇入金属液，以获得形状、尺寸和质量符合要求的铸件。图 9-5 所示为两箱造型时的铸型。

铸型各组成部分及作用如下。

① 上砂型　浇注时铸型的上部组元。

② 下砂型　浇注时铸型的下部组元。

③ 分型面　铸型组元间的结合面，每一对组元间都有一个分型面。

④ 型砂　按一定比例配制的材料经过混制后得到的符合造型要求的混合料。

⑤ 型芯　为获得铸件的内孔或局部外形，用型芯砂或其他材料制成的安放在铸型内部的铸型组元。

⑥ 浇注系统　为填充型腔和冒口而开设于铸型中的一系列通道，如图 9-6 所示，通常由外浇口、直浇道、横浇道组成。冒口是在铸型内储存供补缩铸件所用熔化金属的空腔，冒口有时还起排气集渣的作用。

⑦ 排气道　在铸型或型芯中，为排除浇注时形成的气体而设置的沟槽或孔道。

⑧ 出气孔　在型砂或型芯上，用针扎出的通气孔，出气孔的底部要与模样相距一定的距离。

（3）熔炼炉具

铸造金属熔炼的主要设备有冲天炉、坩埚炉、电弧炉和高频炉等。其中，冲天炉具有结构简单、成本低廉的优点，但因所占场地较大和污染环境等原因，目前应用越来越少。

① 有色合金的熔炼　常用的有色合金包括铸造铝合金、铸造铜合金、铸造镁合金、铸造锌合金等，这类合金与钢、铸铁相比，熔点低，易氧化，因此广泛用于生产缸体、阀体、壳体等形状较为复杂的薄壁铸件，常用坩埚炉（图 9-7）进行熔炼。

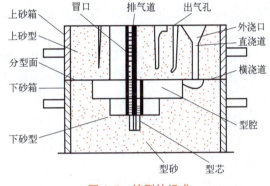

图 9-5　铸型的组成

上砂箱　冒口　排气道　出气孔　外浇口　直浇道　横浇道　上砂型　分型面　下砂箱　下砂型　型腔　型砂　型芯

笔记 ✎

图 9-6　浇注系统的组成

1—冒口；2—外浇口；3—直浇道；4—横浇道；5—内浇道

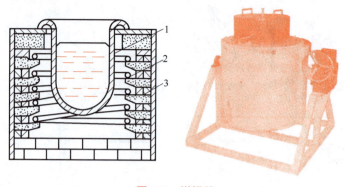

图 9-7 坩埚炉

1—坩埚；2—电阻丝；3—耐火砖

熔炼时，合金置于坩埚中，上面覆盖熔剂隔绝空气，用电阻丝加热坩埚使金属熔化升温。为减少合金的氧化，一般金属液温度不宜过高。

② 铸型的浇注 浇注是指将金属液从浇包注入铸型的过程。浇包（图 9-8）外壳用钢板焊接而成，内壁衬有耐火材料，使用前必须烘干。

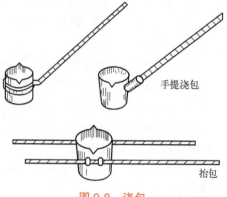

图 9-8 浇包

浇注时，金属液流应对准浇口，且不得断流；挡渣钩应挡在包嘴附近，防止浇包中熔渣随金属液流入浇口。

浇注速度应根据铸件的形状、大小来决定。浇注速度较快，金属液易于充满铸型型腔，减少氧化。但速度过快，型腔中气体来不及散出，易使铸件产生气孔，且金属液对铸型的冲击力大，易造成冲砂、塌箱等。若浇注速度过慢，会使金属液降温过多，使铸件产生冷隔、浇不足等缺陷。对于薄壁、形状复杂和具有大平面的铸件，应采用较快的浇注速度；对于形状简单的厚实铸件，可采用较慢的浇注速度。

浇注温度应根据金属材料的种类、铸造方法、铸件大小等因素进行选择。温度过高或过低都会造成铸造缺陷，影响铸件质量。

（4）浇注后处理

铸件落砂、清理是将砂箱分开，清理铸件表面的粘砂、冒口、飞边和氧化皮等，一般在铸件冷却后进行。

9.2.2 砂型铸造的基本过程

砂型铸造的基本过程如图 9-9 所示。砂型铸造的主要生产工序有制模、配砂、造型、造芯、合模、熔炼、浇注、落砂、清理和检验。根据零件的形状和尺寸，设计并制造模样和芯盒；配置型砂和型芯砂；利用模样和芯盒等工艺装备分别制作砂型和型芯；将砂型和型芯合为一个整体铸型；将熔化的金属浇注到铸型中，完成充型过程；冷却凝固后落砂并取出铸件；最后清理铸件并检验，然后将其入库。

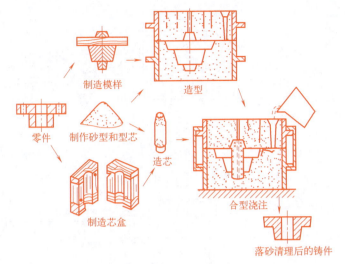

图 9-9　砂型铸造的基本过程

9.3　典型零件加工任务

9.3.1　轴套铸造

图 9-10 所示为轴套的铸造。

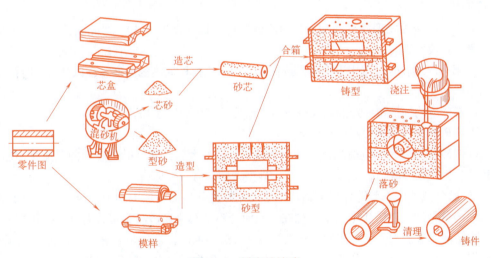

图 9-10　轴套的铸造

　　轴套的铸模需要使用整模造型方式制作，如图 9-11 所示。

　　整模造型是将模样制成与零件形状相对应的整体结构来进行造型。其特点是把整体模样放在一个砂箱内，并以模样一端的最大表面作为分型面。这种方式操作方便，不会出现上、下砂型错位（错箱）的缺陷，铸件的形状和尺寸容易得到保证，适用于生产形状简单的铸件。

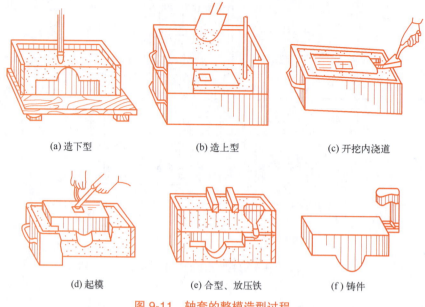

(a) 造下型　　　　　　　(b) 造上型　　　　　　　(c) 开挖内浇道

(d) 起模　　　　　　　(e) 合型、放压铁　　　　　　(f) 铸件

图 9-11　轴套的整模造型过程

　　轴套整模造型的具体操作步骤如下。

　　① 造型前的准备工作　准备造型工具，选择平直的底板和大小合适的砂箱，模样与砂箱内壁及顶部之间应留 30 ～ 100mm 的距离，称为吃砂量，其值视模样的大小而定。

　　② 造下砂型　将模样放在底板上并放好下砂箱，应注意模样的起模斜度，不要放错，加入型砂，用春砂锤均匀紧实型砂，然后用刮砂板刮去砂箱表面多余的型砂。春砂时应注意以下事项。

笔记 ✎

　　a.春砂时必须将型砂分次加入，对小砂箱每次加砂厚度为 50 ～ 70mm，过多、过少都春不紧，且浪费工时。

　　b.第一次加砂时，需用手将模样按住，并用手将模样周围的砂塞紧，以免春砂时模样在砂箱中移动。

　　c.春砂应均匀地按一定的路线进行，以保证砂型各处紧实均匀。

　　d.春砂时应注意不要春到模样上。

　　e.春砂时用力大小应适当，春砂用力过大，砂型太紧，浇注时型腔内的气体排不出去，使铸件产生气孔等缺陷；春砂用力太小，砂型太松，易造成塌箱。

　　③ 撒分型砂　下型造好后，翻转，用镘刀修光分型面。造上型前，应在分型面上撒上无黏性的分型砂，以防止上、下箱粘在一起而开不了箱。撒砂时手攥分型砂距砂箱高一些，手一边转圈一边摆动，使分型砂从指尖与手掌合拢间隙缓慢而均匀下落，在分型面上薄薄覆盖一层，最后将模样上的分型砂吹掉，避免在造上砂型时分型砂粘到上砂型表面，浇注时被金属液冲刷下来，落入铸件，使其产生缺陷。

　　④ 造上砂型　放好上砂箱，放置浇口棒，加填充砂并春紧，春砂过程和造下砂型相似，紧实度可比下砂型略松，以利于浇注时型腔里的气体排出，然后刮去多余的型砂。

　　⑤ 扎通气孔　上砂型春紧刮平后，要在模样投影面的上方用直径 2 ～ 3mm 的通气针扎出通气孔，以利于浇注时的气体逸出。通气孔要分布均匀，深度适当，然后拔出浇口棒。

　　⑥ 开外浇口　外浇口应挖成锥形，大端直径为 60 ～ 80mm，浇口面应修光，与直浇道

连接处应修成圆滑过渡，便于浇注时引导金属液平稳流入铸型。

⑦ 做合箱线　若上、下砂箱没有定位销，则应在打开上、下砂型前在砂箱壁上标示合箱线。最简单的方法是在箱壁上涂粉笔灰，用划针画出细线，然后打开上砂型。

⑧ 起模　起模前要用水笔沾些水，刷在模样周围的型砂上，以增加这部分型砂的强度和可塑性，防止起模时损坏型腔。起模时，起模针的位置要尽量与模样的重心垂直线重合。起模前要用小锤或敲棒轻轻敲打起模针的根部，使模样松动，以利于起模。

⑨ 修型　起模后，型腔如有损坏，应根据型腔形状和损坏程度，使用合适的修型工具进行修补。

⑩ 挖出内浇道　在下砂箱上对应浇口棒的部位先挖出内浇道，然后用皮老虎吹去型腔内多余的砂粒。

⑪ 合型、待注　按标记将上砂型合在下砂型上，应使上砂型保持水平下降，紧固上、下砂型，等待浇注。

⑫ 浇注　将金属浇入铸型，经过一段时间冷却后，通过落砂、清理等工序，即可得到铸件。

9.3.2　铸造小飞机

① 造型前的准备工作　准备造型工具，选择平直的底板和大小合适的砂箱，擦净飞机模型，如图9-12所示。

图 9-12　铸造飞机模型

② 造下砂型　安放飞机模型，分次加入型砂，如图9-13所示。用手按住飞机模型并塞紧模型周围的型砂，如图9-14所示。舂砂路线如图9-15所示。

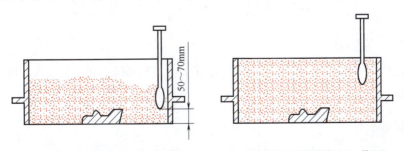

(a) 每次加型砂的量合适，易舂紧　　　　(b) 每次加型砂的量过多，易不紧

图 9-13　型砂加入量示意图

笔记 ✎

图 9-14 型砂塞紧

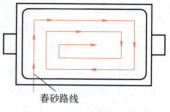

图 9-15 舂砂路线

③ 撒分型砂 用皮老虎吹去撒在模型上的分型砂。

④ 造上砂型 放好上砂箱，放置浇口棒，加填充砂并舂紧，然后刮去多余的型砂。

⑤ 扎出气孔 在飞机模型投影面范围内的上方扎出气孔，如图 9-16 所示。

⑥ 开外浇口 将外浇口挖成漏斗形，如图 9-17 所示。

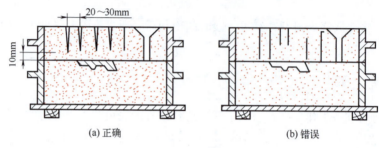

(a) 正确　　　　　　　　　(b) 错误

图 9-16 扎出气孔

⑦ 分箱 分开上下箱体。

⑧ 起模 起模前用水笔沾些水刷在模样周围的型砂上，如图 9-18 所示。

⑨ 修型 起模后，砂型如有损坏，应进行修补。

笔记

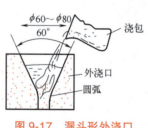

图 9-17 漏斗形外浇口

图 9-18 起模前刷水

⑩ 浇注 将金属液从浇包注入飞机模型的上、下型腔内，完成整个飞机模型的浇注过程。

【学习小结】

本部分介绍了铸造工艺的历史、铸造工艺的特点、砂型铸造的工艺过程，以及典型零件的铸造工艺。

【思考题】

简述砂型铸造的工艺过程。

［1］ 李绍鹏．金工实习［M］．北京：冶金工业出版社，2009．

［2］ 郭术义．金工实习［M］．北京：清华大学出版社，2011．

［3］ 郝宏伟，解景浦．金工实习［M］．杭州：浙江大学出版社，2013．

［4］ 徐茂功．极限配合与技术测量［M］．北京：机械工业出版社，2015．

［5］ 万晓航．数控机床编程技术［M］．北京：北京理工大学出版社，2021．

［6］ 傅水根，李双寿．机械制造实习［M］．北京：清华大学出版社，2009．

［7］ 雷萍．机械加工通用基础知识［M］．北京：中国劳动社会保障出版社，2003．

［8］ 孙朝阳，刘忠礼．金属工艺学［M］．北京：北京大学出版社，2006．

［9］ 唐秀丽．金属材料与热处理［M］．北京：机械工业出版社，2008．

［10］ 郭成操，李刚俊．机械加工工艺基础［M］．北京：冶金工业出版社，2008．

［11］ 曲莉娜，韩磊．机械制图［M］．北京：北京理工大学出版社，2007．

［12］ 蔡锌如，陈跃中，宁艳花．金属工艺实训［M］．北京：北京理工大学出版社，2010．

［13］ 肖善华，熊保玉．机械加工工艺项目教程［M］．2版．北京：化学工业出版社，2025．